Hiteshkumar Patel
Pooja Parajiya
Gopal Ramesh

Programação dinâmica de mensagens de difusão baseada no tráfego e na prioridade

Hiteshkumar Patel
Pooja Parajiya
Gopal Ramesh

Programação dinâmica de mensagens de difusão baseada no tráfego e na prioridade

ScienciaScripts

Imprint
Any brand names and product names mentioned in this book are subject to trademark, brand or patent protection and are trademarks or registered trademarks of their respective holders. The use of brand names, product names, common names, trade names, product descriptions etc. even without a particular marking in this work is in no way to be construed to mean that such names may be regarded as unrestricted in respect of trademark and brand protection legislation and could thus be used by anyone.

Cover image: www.ingimage.com

This book is a translation from the original published under ISBN 978-3-659-87025-5.

Publisher:
Sciencia Scripts
is a trademark of
Dodo Books Indian Ocean Ltd. and OmniScriptum S.R.L publishing group

120 High Road, East Finchley, London, N2 9ED, United Kingdom
Str. Armeneasca 28/1, office 1, Chisinau MD-2012, Republic of Moldova, Europe
Managing Directors: Ieva Konstantinova, Victoria Ursu
info@omniscriptum.com

Printed at: see last page
ISBN: 978-620-8-60833-0

ÍNDICE DE CONTEÚDOS

RESUMO

A rede ad hoc veicular é a tecnologia emergente na atual tendência de investigação. E na rede ad hoc veicular, a difusão é um método frequentemente utilizado nos sistemas de comunicação entre veículos (IVC). As aplicações possíveis que dependem da difusão incluem a partilha de dados de emergência, de tráfego, meteorológicos e rodoviários entre veículos, bem como a distribuição de publicidade e anúncios.

Proporciona uma funcionalidade importante de controlo e estabelecimento de rotas para protocolos unicast, broadcast e multicast. Na rede ad hoc veicular na área urbana, existem basicamente três tipos de tráfego: denso, esparso e regular. No sistema existente, a unidade do lado da estrada continua a transmitir as mensagens, quer existam veículos no seu raio de ação ou não, pelo que se verifica um problema de colisão, pelo que podemos definir o tempo de transmissão da RSU de forma a que o problema de colisão seja resolvido e a taxa de entrega de mensagens aumente.

CAPÍTULO 1

INTRODUÇÃO

1.1 Visão geral

No passado recente, as redes sem fios expandiram-se rapidamente devido à grande disponibilidade de dispositivos sem fios menos dispendiosos, como PDA, computadores portáteis e telemóveis. Há duas classificações principais de redes sem fios: redes baseadas em infra-estruturas e redes sem infra-estruturas ou redes ad-hoc. Como o nome indica, as redes baseadas em infra-estruturas necessitam e dependem de uma infraestrutura de base para fornecer conetividade entre os nós. As redes celulares e as LAN sem fios são exemplos de redes baseadas em infra-estruturas. Nas redes sem infraestrutura, os próprios nós móveis fazem parte da espinha dorsal. São capazes de comunicar diretamente com outros nós da rede. A arquitetura subjacente às VANET é diferente da das redes ad-hoc móveis tradicionais.

As VANET não podem ser classificadas como redes baseadas em infra-estruturas nem como redes sem infra-estruturas. A razão para tal é que os nós móveis poderão trocar mensagens entre si e com as unidades laterais da estrada. As unidades laterais da estrada (RSU) são nós que podem ser móveis ou fixos. Exemplos de RSU móveis são os veículos da polícia, os veículos de serviço, os semáforos inteligentes e outras infra-estruturas que têm a capacidade de enviar/receber legitimamente mensagens de segurança ou não.

As VANET são formadas por um conjunto de nós ou necessariamente veículos e RSU's que estão equipados com um pequeno equipamento sem fios a bordo que representa um nó ad-hoc que viaja ao longo de uma autoestrada ou estrada. A natureza ad-hoc de cada nó permite-lhe enviar e receber mensagens entre os nós vizinhos e é também capaz de trocar mensagens com as unidades que se encontram na berma da estrada. Uma das principais caraterísticas que determina o tempo de vida da ligação entre dois nós é a velocidade relativa. É evidente que quando os veículos se deslocam em direcções diferentes, o tempo de ligação é muito inferior ao dos nós que se deslocam na mesma direção. A rápida mudança na topologia das VANET deve-se ao facto de os veículos viajarem a velocidades elevadas. A natureza previsível deve-se ao facto de o movimento e a direção dos veículos em movimento serem controlados pela autoestrada. Embora as redes ad-hoc tradicionais tenham uma topologia que muda rapidamente, há muito pouca previsibilidade envolvida. A implementação de VANET é limitada por factores como a topologia em rápida mudança, o problema da tempestade de difusão e é mais difícil de implementar. São necessários mais investigação e desenvolvimento para implementar plenamente as VANET.

1.2 Definição do problema

Este trabalho de investigação tem por objetivo propor um esquema de difusão para VANET que reduza consideravelmente a retransmissão redundante desnecessária, evitando/reduzindo assim os efeitos negativos do problema das tempestades de difusão. O esquema proposto baseia-se no facto de a retransmissão contínua das mensagens não só não aumentar consideravelmente a acessibilidade das mensagens, como também introduzir vários problemas, como as tempestades de difusão e as colisões.

Nas VANET, as mensagens de segurança são difundidas por natureza. As mensagens de segurança são continuamente retransmitidas para aumentar a acessibilidade da mensagem. Este facto causa vários problemas nas VANET, incluindo tempestades de difusão, elevada contenção e colisões. Investigações anteriores indicam que a retransmissão contínua de mensagens não só não aumenta consideravelmente a acessibilidade das mensagens como também causa problemas de tempestade de difusão nas VANET. Se a retransmissão de mensagens for controlada eficazmente, não só se eliminará o problema da tempestade de difusão como também se aumentará a eficiência das VANET.

1.3 Motivação

A emergente comunicação entre veículos baseada em redes móveis despertou uma curiosidade considerável sobre os sistemas de transporte inteligentes (ITS). A comunicação sem fios desempenha um papel vital nos ITS. Ao utilizar um sistema de posicionamento global (GPS), as VANET ultrapassam as limitações dos sistemas tradicionais, como o radar e as câmaras de vídeo, e possibilitam serviços mais avançados em ITS. Por exemplo, se a RSU observar pouco tráfego, a taxa de difusão de mensagens é elevada, porque nesse momento há menos carros a passar por essa RSU e, nessa situação, a mensagem pode perder-se e, noutro cenário, se o tráfego for elevado, a taxa de difusão de mensagens é baixa, porque nesse cenário a taxa de perda de mensagens é menor. Assim, com este tipo de programação, podemos diminuir o congestionamento das mensagens, a utilização de energia no lado da RSU e a elevada taxa de transferência de mensagens, o que aumenta o desempenho da rede.

1.4 Objectivos

Neste protocolo de difusão deve satisfazer todos os objectivos seguintes;

- Fiabilidade elevada: o transmissor deve ser capaz de entregar a mensagem ao(s) veículo(s) pretendido(s).

- Dar prioridade às mensagens, por exemplo, se as mensagens forem de emergência, dar prioridade 1 e se as mensagens forem de informação e lazer, dar prioridade 2, de modo a podermos transmitir as mensagens de acordo com a sua prioridade
- Baixa latência: o tempo decorrido desde a primeira tentativa de transmissão até ao final da fase de difusão deve ser o mais reduzido possível.
- Baixa probabilidade de colisão: o protocolo deve sofrer o mínimo de colisões possível, o que permite uma maior fiabilidade e uma menor latência.

1.5 Âmbito do projeto

1.5.1 Sistema atual

A pesquisa anterior identificou que não há nenhum trabalho de agendamento feito no lado da RSU com base na prioridade das mensagens, mas há três regimes diferentes de operação na VANET: 1) Regime de Tráfego Denso; 2) Regime de Tráfego Esparso; e 3) Regime de Tráfego Regular. Os dois primeiros destes três casos correspondem a cenários extremos. É importante compreender as caraterísticas destes três regimes, uma vez que um bom protocolo de encaminhamento de difusão tem de ser capaz de lidar com todos estes três regimes

> **Desvantagem do sistema atual**

1) Neste caso, a geo-casting será utilizada para transmitir a mensagem, mas só será transmitida numa área específica.
2) No cenário da difusão contínua de mensagens, o desperdício de largura de banda é elevado.
3) Sem o agendamento, a mensagem não será entregue de forma eficaz, ou seja, se qualquer mensagem de emergência estiver no número 3 [rd] da tabela na RSU e qualquer veículo passar por ela, mas a sua velocidade for alta e que contenha apenas as duas primeiras mensagens, a mensagem não será transmitida ao veículo de forma eficaz.
4) A taxa de transferência das mensagens de difusão é baixa.

1.5.2 Sistema proposto

Quando dois veículos se encontram na mesma VANET durante um curto período de tempo devido à sua grande mobilidade e velocidade. Ambos os veículos têm demasiada informação na sua memória intermédia que pretendem trocar entre si. Assim, não é possível partilhar todas as informações, pelo que a teoria seleciona apenas as mensagens importantes e relevantes para partilha utilizando uma abordagem baseada na relevância

A abordagem baseada na programação dinâmica depende de duas metodologias fundamentais . Em primeiro lugar, a relevância dos pacotes de dados fornecidos aos potenciais destinatários na vizinhança local deve ser quantificada. Em segundo lugar, as mensagens devem ser priorizadas de acordo com os valores de relevância resultantes para maximizar o benefício recebido por todos os veículos que participam da rede. A priorização é realizada em duas etapas. A mensagem mais relevante na fila de mensagens de cada veículo é selecionada (seleção de mensagens no veículo). Em segundo lugar, é selecionada para transmissão a mensagem mais relevante entre todos os veículos que se encontram dentro do alcance de rádio mútuo (seleção de mensagens entre veículos).

CAPÍTULO 2

PESQUISA BIBLIOGRÁFICA

Esta secção apresenta uma breve panorâmica das normas de comunicação sem fios, juntamente com o funcionamento das VANET e as abordagens propostas anteriormente para conter os efeitos negativos da retransmissão desnecessária. Por último, aborda os vários tipos de mensagens e as suas caraterísticas correspondentes.

2.1 Introdução às VANET

A VANET é a tecnologia de construção de uma rede Ad-Hoc robusta entre veículos móveis e entre si, para além de entre veículos móveis e unidades à beira da estrada. Como se pode ver na figura, existem dois tipos de nós nas VANET: os nós móveis, que são as unidades de bordo (OBU), e os nós estáticos, que são as unidades à beira da estrada (RSU). Uma OBU assemelha-se ao módulo de rede móvel e a uma unidade central de processamento para sensores de bordo e dispositivos de aviso. As RSUs podem ser montadas em locais centralizados, como cruzamentos, parques de estacionamento ou estações de serviço. Podem desempenhar um papel importante em muitas aplicações, como uma porta para a Internet.

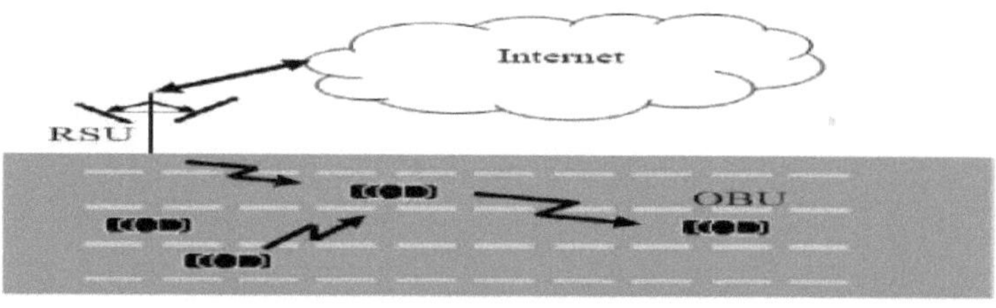

Figura 2.1: Tipos de nós em VANETs

As VANET constituem um novo e promissor domínio de investigação, desenvolvimento e normalização. Em todo o mundo, há muitos projectos nacionais e internacionais em governos, na indústria e no meio académico dedicados ao desenvolvimento de protocolos VANET. [4]

2.2 Tecnologias sem fios alternativas

> **Bluetooth**

O Bluetooth não faz parte da família 802.11 e suporta uma comunicação de curto alcance de 10 metros com uma largura de banda de 1-3 Mbps. Requer um baixo custo de produção, dado que ainda está a ser utilizado em pequenos dispositivos como PDA, telemóveis, etc. Este domínio requer mais investigação para suportar redes WLAN normais com elevada largura de banda e débito.

> **WiMax**

O WiMax suporta comunicações de longo alcance e não utiliza quaisquer normas Wi-Fi. As redes sem fios respondem eficazmente a estes desafios. Como o âmbito deste domínio é vasto e está sempre a crescer a um ritmo mais rápido,[1]

2.3 Redes ad-hoc

É um ramo da rede sem fios que utiliza as normas 802.11; não depende de qualquer infraestrutura para transferir dados. Cada nó é responsável pela transferência do pacote, em vez de ser um router ou um ponto de acesso a fazer o trabalho. O nó que encaminha o pacote é selecionado instantaneamente com base na disponibilidade de nós na rede. É considerada uma rede de pares entre os nós. Assim, a ligação à Internet é possível se um dos nós tiver acesso à rede pública. Partilhará o recurso com os outros nós; caso contrário, a ligação à Internet seria impossível. Não é uma rede permanente, pois muda consoante a disponibilidade dos nós.

2.3.1 Organização das redes Ad-hoc

Os nós dentro do alcance de transmissão permanecem ligados. Se um nó se afastar do alcance de transmissão de um nó, continua ligado através de um nó diferente, embora esteja longe do alcance. Esta caraterística garante que todos os nós permanecem bem ligados numa rede ad-hoc. Num pequeno escritório, uma rede local pode ser configurada instantaneamente, colocando a placa de rede no modo ad hoc, e os ficheiros podem ser transferidos sem a ajuda de qualquer cabo ou ponto de acesso.

2.3.2 Diferentes tipos de redes ad-hoc

> MANET (Redes móveis ad-hoc)

Para além da sua natureza ad-hoc, são capazes de encaminhar o tráfego. Trata-se de uma rede em malha. É constituída por dispositivos móveis ligados através de ligações sem fios. A eficiência das MANET depende do encaminhamento do tráfego. Seguem-se os diferentes tipos de redes em MANET:

> VANET (Vehicular Ad-hoc networks)

A comunicação inter-veicular na estrada é conseguida utilizando a VANET com a ajuda de unidades na berma da estrada.

> Em VANET (Intelligent Vehicular Ad-hoc Networks)

A VANET possui uma inteligência adicional que faz com que o veículo actue eficazmente em caso de emergência.

> iMANET (redes móveis ad-hoc baseadas na Internet)

Actua como uma ponte entre os nós móveis e os nós fixos de gateway da Internet. Não utiliza o algoritmo normal de encaminhamento ad-hoc.

Vantagens das redes Ad-hoc

(i) Económico

Económica, permite poupar muito dinheiro, uma vez que não é necessária qualquer infraestrutura para construir esta rede.

(ii) Menos tempo de configuração

O tempo de configuração é curto, apenas requer uma placa de rede de rádio no dispositivo para criar uma rede ad hoc. Por isso, é muito mais rápida quando comparada com a configuração de outras redes baseadas em infra-estruturas.

Desvantagens das redes Ad-hoc

(i) Apoiar redes mais pequenas

A rede ad-hoc revela-se eficiente numa rede mais pequena, uma vez que não utiliza quaisquer pontos de acesso para encaminhar o pacote. Mas numa rede maior, os pontos de acesso são necessários para ter canais não sobrepostos, reduzir a contenção do acesso ao meio e reduzir as colisões. O intervalo de sinalização utilizado para alertar os nós que não estão a transmitir pode degradar o desempenho das redes ad-hoc, uma vez que acrescenta uma transmissão adicional de pacotes.

(ii) Acesso ineficiente à Internet

O acesso à Internet não é tão eficaz. É necessária uma rede com fios com ponto de acesso para satisfazer as necessidades de um grupo maior.

(iii) Gestão de redes

Devido à falta de um dispositivo central na rede ad-hoc, é difícil gerir a rede. A realização de auditorias de segurança é difícil, uma vez que não existe um ponto de acesso para monitorizar a topologia. A única forma de gerir a rede ad-hoc é ao nível do utilizador. Mais uma vez, a transmissão de pacotes fica mais sobrecarregada[4].

2.4 Padrão de tráfego

Regime de tráfego A-Denso

Quando a densidade de tráfego é superior a um determinado valor, um dos problemas mais graves é a asfixia do meio partilhado por um número excessivo da mesma mensagem de difusão de segurança por vários carros consecutivos. Devido ao meio sem fios partilhado, a difusão cega dos pacotes pode levar a contenção frequente e a colisões na transmissão entre nós vizinhos. Este problema é por vezes designado por problema da tempestade de difusão. Embora existam várias soluções para atenuar o problema da tempestade de difusão num ambiente MANET normal, apenas existem algumas soluções para resolver esta questão no contexto VANET. Neste artigo, (i) exploramos a gravidade da tempestade de difusão em VANET utilizando um estudo de caso para um cenário de autoestrada de quatro faixas; e (ii) propomos três técnicas de difusão leves; i.e., persistência p ponderada, persistência 1 com ranhuras e persistência p com ranhuras, que podem proporcionar 100% de acessibilidade numa rede bem conectada e uma redução de cerca de 70% na redundância de difusão e na taxa de perda de pacotes numa rede veicular bem conectada. Os esquemas propostos são distribuídos e dependem de informações do GPS (ou da intensidade do sinal recebido quando o veículo não pode receber o sinal do GPS), mas não requerem nenhum outro conhecimento prévio sobre a topologia da rede.

Especificamente, a figura mostra três esquemas baseados na distância:

i) Difusão de p-persistência ponderada

ii) Ranhura 1 - Difusão de persistência

iii) p-Broadcasting de persistência

As técnicas básicas de difusão seguem uma regra de 1-persistência ou uma regra de p-persistência. Apesar da sobrecarga excessiva, a maioria dos protocolos de encaminhamento concebidos para redes ad hoc sem fios multi-hop seguem a regra de inundação de força bruta de 1-persistência, que exige que todos os nós retransmitam o pacote com probabilidade 1, devido à baixa complexidade e à elevada taxa de penetração dos pacotes. Por outro lado, a abordagem baseada em boatos segue a regra de persistência p, que exige que cada nó retransmita o pacote com uma probabilidade pré-determinada p. Esta abordagem é por vezes designada por inundação probabilística. A figura mostra os principais resultados obtidos com os três esquemas projectados. Observe-se que o esquema de p-persistência com ranhuras pode reduzir substancialmente o rácio de perda de pacotes à custa de um ligeiro aumento do atraso total e de uma taxa de penetração reduzida.

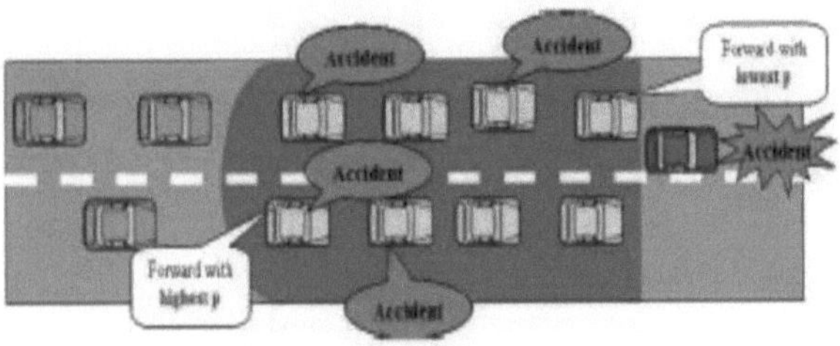

Figura(a) : Weig hted p-persistence

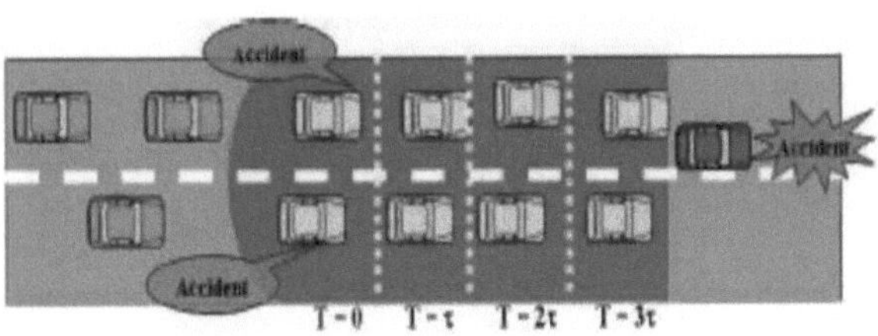

Figura (b): Esquema de 1-persistência com ranhuras

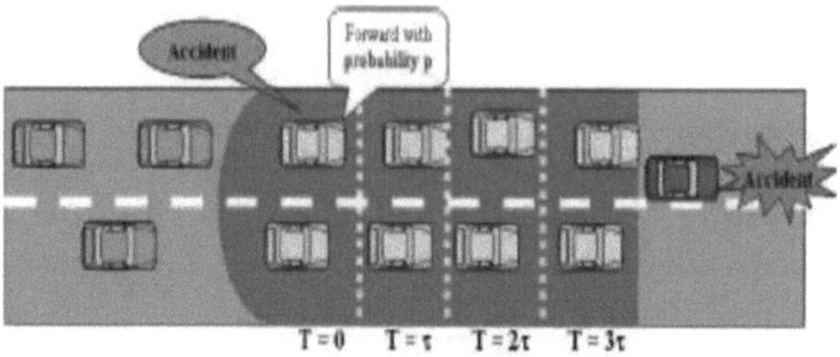

Figura (c): Esquema de p-persistência com ranhuras.

Figura 2.2: Técnicas de supressão de difusão.

Regime de tráfego B-Sparse

O outro cenário extremo, que é muito problemático para os protocolos de encaminhamento convencionais, é o caso em que não há muitos veículos na estrada, como ilustrado na Figura. Em certas alturas do dia (por exemplo, entre a meia-noite e as 4 da manhã), a densidade de tráfego pode ser tão baixa que a retransmissão multi-hop de uma fonte (o carro que está a tentar transmitir) para os carros que vêm atrás pode não ser plausível, porque o nó de destino pode estar fora do alcance de transmissão (alcance de retransmissão) da fonte.

C-Regime de tráfego regular

Para os cenários de tráfego esparso e denso anteriormente considerados, é provável que a conetividade local experimentada por cada veículo numa rede reflicta também a conetividade global, por exemplo, um veículo numa rede densa é suscetível de observar uma topologia local densa, enquanto os veículos numa rede esparsa são susceptíveis de ter zero ou apenas alguns vizinhos ou observar uma topologia local esparsa. Mais especificamente, todos os veículos que operam nestes dois regimes extremos observarão a mesma topologia local, que também reflecte a topologia global real. Num regime de tráfego regular, porém, nem todos os veículos observam a mesma topologia local, ou seja, alguns podem ter muito poucos vizinhos, enquanto outros têm muitos vizinhos. Neste caso, alguns veículos terão de aplicar o algoritmo de supressão de difusão enquanto[19]

2.5 Tempestade de transmissão

Nas redes Ad-hoc sem fios, a retransmissão multi-hop é efectuada para aumentar a área coberta pela mensagem e para aumentar a probabilidade de entrega da mensagem. O método mais viável para efetuar a retransmissão multi-hop é inundar/retransmitir a mensagem. A retransmissão redundante da mensagem causa três problemas principais nas redes adhoc sem fios.

2.5.1 Inundações

A retransmissão multi-hop em VANET's é conseguida através de flooding. Nas VANET, a inundação é feita de tal forma que, quando um nó recebe uma mensagem de segurança, o nó retransmite a mensagem e o nó retransmissor ignora as mensagens subsequentes que são transmitidas pelos seus pares, devido ao facto de já ter recebido a mensagem. Mesmo que o nó ignore a retransmissão redundante, ele ainda tem que processar toda a mensagem para identificar que a mensagem é redundante. A retransmissão redundante obriga um nó a ouvir a mensagem e a processá-la para só então identificar que se trata de uma retransmissão redundante. A retransmissão redundante provoca uma utilização ineficiente da largura de banda. Embora o flooding aumente a probabilidade de uma mensagem ser entregue, também induz retransmissões redundantes, forte contenção e colisões graves.

2.5.2 Retransmissão redundante

Cada nó que recebe uma mensagem de difusão retransmite a mensagem novamente. Por exemplo, se uma mensagem for gerada por um nó com *n* nós num intervalo de transmissão, isso obrigaria cada nó a retransmitir a mensagem pelo menos uma vez. Isto resultaria em *n* retransmissões adicionais. Seria eficaz identificar e suprimir as retransmissões redundantes, de modo a que os nós estivessem bem informados e retransmitissem seletivamente a mensagem apenas quando necessário.

2.5.3 Contenção

A contenção ocorre quando a probabilidade de os nós próximos receberem a mensagem é maior. Cada nó que está próximo e que recebeu a mensagem tentará retransmiti-la, causando uma contenção grave.

2.5.4 Colisões

Uma vez que as mensagens são difundidas, ocorrem colisões devido à ausência de um mecanismo de deteção de colisões. Nas transmissões, o RTS/CTS não é incluído. As quatro questões acima mencionadas são coletivamente conhecidas como problema da tempestade de difusão e ocorrem devido ao facto de a retransmissão não ser feita de forma eficaz. Vários investigadores propuseram várias abordagens para controlar a retransmissão; as abordagens mais proeminentes são discutidas nas secções seguintes[8].

2.6 O Problema da Tempestade de Transmissão em Redes Ad-Hoc Veiculares

Neste trabalho de investigação, são sugeridas cinco abordagens para controlar o número de transmissões. Na primeira abordagem, quando um nó recebe uma mensagem, retransmite-a com uma probabilidade "P". Na segunda abordagem, é utilizado um contador e o número de vezes que uma mensagem é recebida é contado antes de uma mensagem ser transmitida. Se o contador exceder o limiar, a mensagem é transmitida. Na terceira abordagem, a distância entre o emissor e o recetor *"Dmin"* é calculada a partir da potência transmitida e recebida. Se *"Dmin"* for inferior a *"Dthr"*, a mensagem não é retransmitida. Na quarta abordagem, a posição do nó é calculada e, se a área de cobertura for superior a um limiar de cobertura pré-determinado, a mensagem é retransmitida; caso contrário, a mensagem não é retransmitida. A quinta abordagem consiste em dividir a área de transmissão em clusters. As abordagens apresentadas neste trabalho de investigação sugerem fortemente que o esquema baseado na localização tem um desempenho eficaz em todas as circunstâncias e que o esquema baseado no contador controla eficazmente os efeitos negativos da inundação[15].

2.7 Mensagens de segurança veículo-veículo em DSRC

Neste trabalho de investigação, os autores exploram seis protocolos MAC. A mensagem é retransmitida k *vezes* sem (AFR) uma garantia de que a mensagem está a ser recebida. No protocolo Asynchronous Fixed Repetition, a mensagem é retransmitida k vezes entre o total de *'ri* slots; o valor de *'k'* é fixo. O segundo protocolo (Repetição Assíncrona Persistente) a mensagem é repetida *k* vezes como no AFR, mas aqui o valor de *'k'* varia. A probabilidade de transmissão da mensagem é dada por *'k / n* em que *'k '* é o parâmetro de configuração e *'ri* é o número total de ranhuras de transmissão. Em terceiro lugar, é utilizada a Repetição Fixa Síncrona (SFR). A SFR é semelhante à AFR, exceto que as faixas horárias são sincronizadas globalmente. Em quarto lugar, é utilizada a Repetição Síncrona Persistente (SPR), que é semelhante à SFR, exceto pelo facto de serem consideradas p-persistentes. Em quinto lugar, é utilizada a AFR-CS com deteção de portadora. Nesta abordagem, a deteção de portadora é efectuada e, se o meio estiver livre, a mensagem é retransmitida e, se o meio estiver ocupado, a mensagem é rejeitada. Em sexto lugar, é utilizado o APR com deteção de portadora APR-CS, que é semelhante ao AFR-CS, exceto que as mensagens são repetidas com p- persistente. Os autores concluem finalmente que o 802.11a pode ser utilizado para DSRC[9].

2.8 Protocolo de difusão urbana multi-hop para sistemas de comunicação entre veículos

Neste trabalho de investigação, é proposto o protocolo Urban Multi-hop Broadcast (UMB). De acordo com o protocolo UMB, as mensagens de difusão não são retransmitidas por todos os nós, em vez disso, o nó mais distante do remetente é selecionado e o nó mais distante é selecionado para retransmitir a mensagem a outros nós. Introduz também o protocolo Request To

Broadcast (RTB) e sinalização ClearTo Broadcast. O RTB é enviado do transmissor para o nó mais distante, se este receber um CTB do recetor, a mensagem é transmitida para o recetor. O nó mais distante é selecionado por black burst. No caso dos cruzamentos, são utilizados repetidores para evitar o efeito da sombra dos grandes edifícios. A investigação também sugere várias técnicas para evitar os loops. Este trabalho de investigação tenta reduzir as colisões e aumentar a eficácia da difusão sem sobrecarregar o meio. O protocolo UMB tem um bom desempenho quando comparado com todos os outros mecanismos de difusão, reduzindo a carga na rede[11].

2.9 Um protocolo de comunicação veículo-veículo para aviso de colisão cooperativo

Neste trabalho de investigação, é proposto um protocolo de comunicação de aviso de colisão veicular (VCWC). São consideradas duas abordagens, passiva e ativa. Na abordagem passiva, cada veículo envia constantemente actualizações sobre o seu estado para os veículos vizinhos. Os veículos vizinhos recebem as actualizações e processam-nas para saber se o veículo se encontra num estado perigoso. A desvantagem da abordagem passiva é que o meio está sempre saturado. Na abordagem ativa, um veículo envia uma mensagem de aviso de emergência (EWM) apenas quando ocorre uma situação de emergência, como uma desaceleração súbita. O protocolo VCWC utiliza a abordagem ativa. O sistema de aviso EWM permite a comunicação simultânea de vários veículos. [12]

2.10Taxas de receção de difusão e efeitos do acesso prioritário em redes ad hoc veiculares baseadas em 802.11

Neste trabalho de investigação os autores estudam a probabilidade da mensagem ser recebida a uma certa distância do transmissor e os resultados determinísticos e não determinísticos são comparados em VANTET's. Os autores concluem que a abordagem não determinística tem taxas de receção muito baixas em comparação com o modelo determinístico. As taxas de receção diminuem com o aumento da distância de separação entre o emissor e o recetor, mesmo que o recetor esteja dentro do alcance de transmissão do emissor. Este facto leva a que se utilizem estratégias de retransmissão e receção multi-salto para aumentar a taxa de receção das mensagens nas VANET[14].

2.11 Categorias de mensagens

Nas VANET, as mensagens dividem-se em três categorias: mensagens de segurança da vida, mensagens de segurança e mensagens não relacionadas com a segurança. A mensagem de segurança da vida é a que tem maior prioridade, seguida da mensagem de segurança e a mensagem de não segurança é a que tem menor prioridade.

> **Segurança da vida**

Como o nome indica, as mensagens de segurança da vida humana transportam informações que afectam direta e imediatamente a segurança do veículo que circula na autoestrada. As mensagens de segurança da vida têm a prioridade máxima e a latência deve ser mínima. Exemplo: Aviso/evitação de colisão numa intersecção.

> **Mensagem de segurança**

Como o nome indica, as mensagens de segurança contêm informações que podem afetar a segurança do veículo que circula na autoestrada, mas são menos cruciais quando comparadas com as mensagens de segurança da vida humana. Uma vez que as mensagens de segurança são mais como um aviso e não constituem uma ameaça à vida, é permitida uma latência até 1000 ms. Exemplo: Aviso de zona de trabalho

> **Mensagem de não segurança**

Como o nome indica, as mensagens de não segurança transportam informações que não afectam a segurança do veículo que circula na autoestrada. A latência permitida depende do tipo de mensagem. Exemplo: Cobrança de portagens[10].

2.12 Implantação de unidades na estrada: Abordagem baseada na densidade

As Road Side Units (RSUs) são normalmente caras de instalar e as autoridades limitam o seu número, tornando as RSUs um recurso precioso em ambientes veiculares. A proposta D- RSU, especialmente concebida para obter um sistema eficiente com o menor custo possível para alertar os serviços de emergência em caso de acidente.
Existem tipos de políticas de implantação de RSUs como:

A. Política de implantação de custos mínimos
B. Política de implantação de malhas uniformes
C. Política de implantação da D-RSU

O esquema proposto reduziu o número de RSUs necessárias para a implantação com o algoritmo proposto, que se baseia principalmente na densidade de veículos (veh./Km). Apresentar a implantação de D-RSU em cenários urbanos. O D-RSU consiste em colocar RSUs de acordo com uma proporção inversa à densidade esperada. Os veículos que circulam em zonas menos densas têm um melhor acesso à Internet graças ao aumento do número de RSUs disponíveis nas proximidades; por outro lado, em zonas com elevada densidade de veículos, as comunicações V2V são capazes de transmitir mensagens. A política de implantação da malha uniforme é mais adequada para zonas em que se esperam menos de 70 veículos por km2. Quando a densidade de tráfego é maior ou igual a 70 veículos por km2, a D-RSU é a melhor política de implantação.

Se houver mais de 90 veículos por km2, a D-RSU obtém melhores resultados do que as outras abordagens em termos de tempo de notificação de aviso, reduzindo o número necessário de RSUs para metade. O algoritmo de implantação de RSU proposto é apresentado de seguida:[33]

```
INPUT:
        vehicleDensity: density of vehicles in the selected area
        map: road topology of the selected area
        downtownCoordinates: coordinates (latitude, longitude) of the
        subareas with high vehicle density
        downtownPercentage: percentage of vehicles present in each
        downtown area
OUTPUT:
        numRSU: number of RSUs to be deployed in the selected
        map area

numRSU = 4 * areaKm²(map); // 4 RSUs/Km²
if (vehicleDensity is < 70 vehicles/Km²) then
 L use UniformMesh(map, numRSU);
else
   if (vehicleDensity is < 90 vehicles/Km²) then
   L use D-RSU(map, numRSU, downtownCoordinates,
      downtownPercentage);
   else
     numRSU = numRSU / 2;
    Luse D-RSU(map, numRSU, downtownCoordinates,
 L    downtownPercentage);
```

2.13 Difusão oportunista de mensagens de emergência

Neste artigo, consideramos a transmissão de mensagens de emergência no cenário da autoestrada . A figura mostra o modelo do sistema. Suponhamos que ocorre um acidente na estrada no sentido oeste, onde o veículo de origem pára e o seu OBU começa a transmitir mensagens de emergência (EMs) para a região interessada (IR). A IR é definida como o segmento de estrada no sentido oeste de comprimento L a leste do veículo de origem, e a direção de propagação da mensagem é oposta à direção de condução.

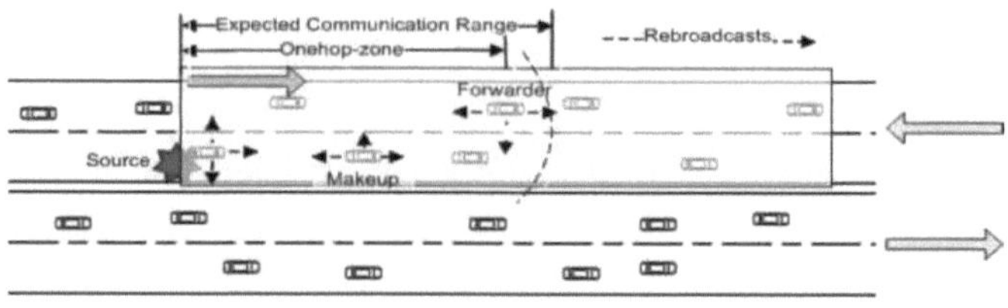

Figura 2.3: Modelo VANET e visão geral do esquema de difusão.

Neste documento, são propostos dois tipos de retransmissores de difusão, ou seja, *forwarder* e *makeup*.

DEFINIÇÃO 1 (REENCAMINHADOR): Um nó na IR que recebe um novo EM da fonte torna-se um potencial reencaminhador. O potencial transmissor que efetivamente retransmite torna-se um transmissor. Da mesma forma, um nó que receba um novo EM de um reencaminhador e que esteja na direção de propagação torna-se um potencial reencaminhador. O espaço entre dois transitários (ou a fonte e um transitário) é definido como uma zona de um salto.

DEFINIÇÃO 2 (MAQUIAGEM): Um nó localizado na zona de um salto e que recebe um novo EM de um reencaminhador torna-se uma maquiagem potencial. Uma composição potencial que efetivamente retransmite torna-se uma composição. [2]

2.14 Programação de unidades na estrada com eficiência energética

I este trabalho, estudamos o problema de economia de energia na programação de RSUs. Dado um conjunto de RSUs implantadas, o nosso objetivo é encontrar a programação óptima para as ligar e desligar num determinado período de tempo, de modo a que o consumo global de energia das RSUs no sistema seja minimizado, mantendo a conetividade da rede. Dividimos este problema em dois subproblemas designados por problema *de agendamento de instantâneos* e problema de *seleção de instantâneos*. O problema de *programação de instantâneos* decide o número mínimo de RSUs activas necessárias para obter um instantâneo da VANET num determinado momento, enquanto o problema de *seleção de instantâneos* decide a sequência de momentos em que o instantâneo deve ser atualizado[3]

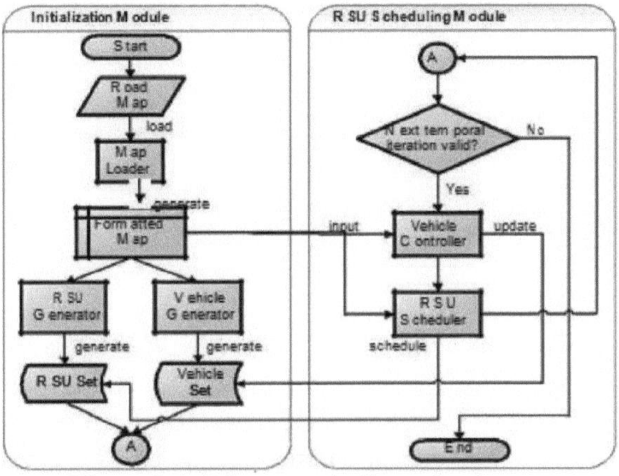

Figura 2.4: Diagrama de fluxo do sistema

2.15 Algoritmo de programação para distribuição de dados do veículo para a berma da estrada

Neste documento, o objetivo principal do esquema de agendamento é servir o maior número possível de pedidos (ou seja, aumentar a métrica da taxa de serviço, tal como definido anteriormente). Introduzimos dois campos do pedido com 5 cubos que podem ser usados para o objetivo do agendamento:

- *Tamanho dos dados:* se os veículos puderem comunicar com a RSU à mesma taxa de transmissão de dados, o tamanho dos dados pode ser considerado para decidir quanto tempo o serviço durará.
- *Prazo de entrega:* Uma vez que o pedido com um prazo anterior é mais urgente do que o pedido com um prazo posterior. [5]

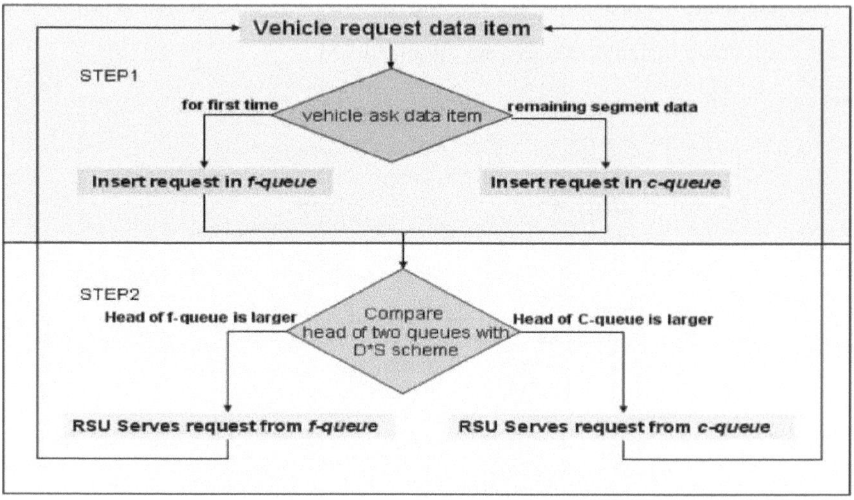

Figura 2.5: Fluxograma da programação em duas etapas

CAPÍTULO 3

CONCEPÇÃO DO SISTEMA

A principal fase do desenvolvimento deste sistema é a fase de conceção. O objetivo da fase de conceção é produzir a conceção global do sistema. Este capítulo apresenta uma descrição exaustiva do objetivo e do ambiente previstos para o sistema em desenvolvimento.

3.1 Visão geral do sistema

Objetivo:

O objetivo deste projeto é dar prioridade às mensagens de difusão que são tão importantes e também às mensagens de segurança, de modo a criar uma fila virtual de mensagens e, de acordo com a sua prioridade, programar as mensagens na unidade rodoviária

Entrada:

Aqui todas as mensagens serão alcançadas no lado da RSU n todos os quadros de mensagens contêm o valor do seu valor de prioridade

Saída:

Quando a mensagem chega ao lado da RSU, esta utiliza uma abordagem baseada na programação dinâmica e cria uma fila virtual, através da qual programa todas as mensagens para difusão.

3.1.1 Perspetiva do produto

Este projeto é desenvolvido com recurso a diferentes ferramentas como MOVE, SUMO e utilização do simulador NS2

3.2 Requisitos funcionais

Para satisfazer adequadamente os objectivos de base, um SRS deve ter determinadas propriedades e conter diferentes tipos de requisitos funcionais, a fim de cumprir a visão geral do sistema. Trata-se de declarações sobre os serviços que o sistema deve fornecer, sobre a forma como o sistema deve reagir a determinadas entradas e sobre a forma como o sistema se deve comportar em determinadas situações. Seguem-se algumas dessas declarações ou requisitos.

1) Transmitir mensagem à RSU

O sistema cria nós e todos os nós transmitem a mensagem para o lado da RSU

2) No lado da RSU, o bloco de mensagens verificará

O sistema deve verificar o quadro da mensagem e decidir que tipo de mensagem existe.

3) Utilizar uma abordagem baseada na programação dinâmica para gerar filas de espera virtuais

O sistema deve ser configurado com um algoritmo de programação dinâmica e programar a mensagem na fila de espera.

4) Transmitir a mensagem de acordo com a fila virtual

Por fim, a mensagem será transmitida de acordo com a fila de espera.

3.3 Requisitos de desempenho

Seguem-se alguns dos requisitos de desempenho indicados abaixo.

- O veículo deve transmitir mensagens à unidade da estrada.
- Os nós e a RSU devem trocar as mensagens.

> O algoritmo de programação dinâmica cria uma fila virtual no lado da RSU.

> O nó all deve conter GPS.

3.4 Restrições de conceção

Esta secção descreve os condicionalismos de conceção, tais como as especificações de hardware e software e os condicionalismos necessários para a conceção dos módulos e do sistema. Isto inclui a especificação do processador, o sistema operativo utilizado, a ferramenta utilizada para gerar a GUI e outros componentes do sistema.

3.4.1 Requisitos de hardware

As restrições de hardware no projeto são de recursos de hardware para testar e implementar o algoritmo proposto o sistema necessário com 2 GB de RAM e processador Core 2 DUO mínimo

> Processador Intel Pentium Dual Core 2.4 GHZ
> Disco rígido 40 GB
> Memória 1 GB RAM

3.4.2 Requisitos de software

Para desenvolver o nosso algoritmo de programação dinâmica para testes, é necessário utilizar uma ferramenta de simulação que pode ter de ser especialmente concebida. Para o efeito, é utilizada a ferramenta NS2. Para o efeito, criam-se os ficheiros tcl, tr e nam.

> Sistema operativo:- Linux
> Ferramenta de mobilidade:- SUMO
> Ferramenta de simulação:-NS2

CAPÍTULO 4

TEORIA DA IMPLEMENTAÇÃO

A fase de implementação de qualquer sistema de desenvolvimento é a fase mais importante, uma vez que produz a solução que resolve o problema em causa. A implementação é a fase do sistema em que a conceção teórica é convertida num sistema funcional. Por isso, pode ser considerada a fase mais importante para obter um novo sistema bem sucedido e para dar ao utilizador a confiança de que o novo sistema funcionará.

A fase de implementação envolve sobretudo o planeamento, a investigação do sistema atual e dos constrangimentos à implementação, a conceção de métodos para o conseguir.

4.1 Algoritmo de programação dinâmica proposto

1. O nó A está no estado de escuta/aprendizagem.
2. Verificar a análise do padrão de tráfego em modo pré-estável.
2. A unidade rodoviária recebe uma mensagem de um nó diferente.
3. Determinar o tipo de autoestrada UD (Dividida (0)/Não dividida (1)), o sentido da marcha (DT) (1- Igual, 0- Oposto), o sector da autoestrada e o tipo de mensagem do quadro de mensagens.
4. Se o tipo de mensagem for "00001"
5. Compara a etiqueta da mensagem recebida com a etiqueta da mensagem armazenada em cache.
6. Se a etiqueta for superior à programação, utilizar o algoritmo dinâmico
7. Agendar essa mensagem e, de acordo com a prioridade, colocá-la em primeiro lugar na fila virtual.
8. De acordo com a mensagem de difusão da fila virtual. Para o nó móvel.

4.2 Descrição do módulo

O nosso sistema contém principalmente os seguintes módulos,

O carregador de mapas

O gerador de RSU

O gerador de veículos

O programador de RSU

O mapa de estradas é carregado primeiro. Cada estrada no mapa é armazenada no nosso sistema como um conjunto de segmentos de linha. De seguida, o Gerador de RSUs gera as coordenadas de todas as RSUs de acordo com o mapa e cobre cada estrada no sistema. O Gerador de Veículos assume depois o controlo. Neste módulo, é introduzido no sistema um conjunto de veículos com velocidades escolhidas e trajectos calculados. Após todos estes passos, o sistema entra no módulo RSU Scheduler, o módulo essencial de todo o sistema. Implementação do algoritmo de programação, bem como do algoritmo de programação dinâmica da RSU, conforme proposto.

4.2.1 Configuração do Modelo de Mobilidade Veicular SUMO

Existem muitas fontes abertas, ferramentas comerciais e software disponíveis no mercado para gerar um modelo de simulação de tráfego que apresenta o movimento de vários veículos nas condições previstas. Esta investigação utiliza o Open Street map para extrair a rede rodoviária sob a forma de um ficheiro OSM. Para executar o comando do SUMO para ler e simular o movimento dos veículos com base no XML da rede rodoviária e na descrição do fluxo de tráfego, a rede rodoviária foi convertida para o formato XML. O ficheiro da rede rodoviária pode ser gerado a partir de vários formatos de entrada com o módulo NETCONVERT. No nosso caso, escolhemos o programa Open Street Map para gerar o ficheiro OSM. E o módulo NETCONVERT pode gerar o ficheiro de rede SUMO a partir do ficheiro de dados OSM. Da rede para os ficheiros de percurso, o módulo SUMO simula todas as posições em várias ocasiões. Estas posições são, então, registadas num ficheiro de despejo. A figura seguinte ilustra o processo de criação da mobilidade automóvel com o SUMO

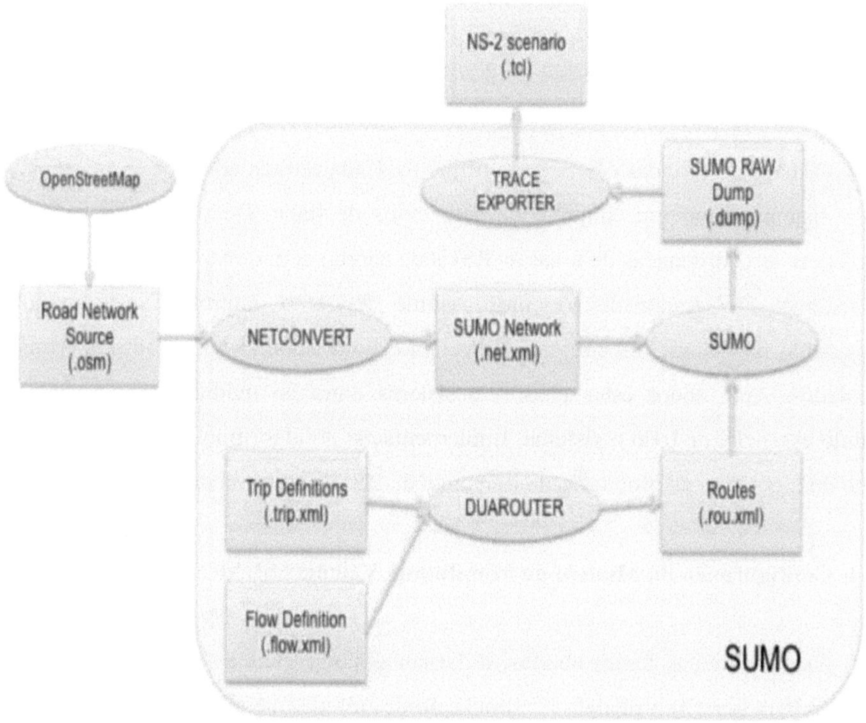

Figura 4.1: Processo para gerar mobilidade veicular com SUMO

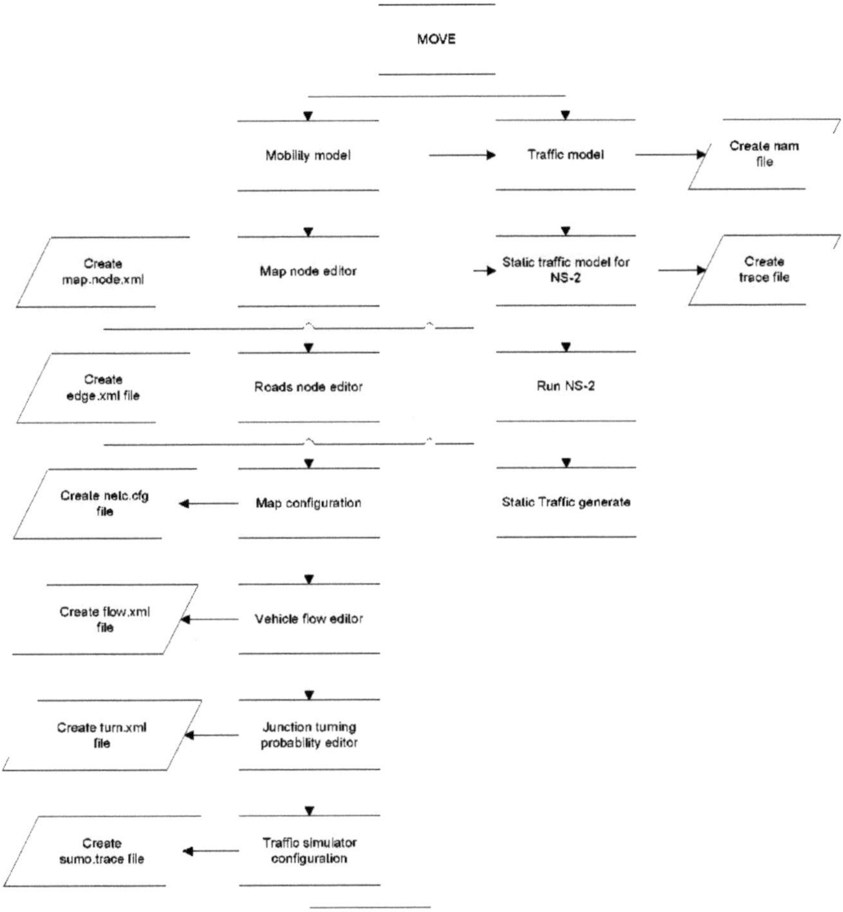

Figura 4.2: Etapas de geração de tráfego estático

4.2.2 Definição da configuração para o modelo de ponto de passagem aleatório

Neste modelo, a cada nó é atribuída uma localização inicial, um destino e uma velocidade. A localização inicial e a localização de destino são planeadas independentemente, mas a velocidade é escolhida uniformemente num intervalo, não relacionado com as localizações inicial e de destino. Depois de atingir o destino, o processo repete-se. Um novo destino é novamente escolhido a partir da distribuição uniforme e a nova velocidade é escolhida uniformemente no intervalo, independentemente de todos os destinos e velocidades anteriores. Os nós podem fazer uma pausa ao chegar a cada destino, ou continuar imediatamente para o destino seguinte. Se fizerem uma pausa nos locais de destino, os tempos de pausa também são escolhidos independentemente da velocidade e dos locais. Neste artigo, derivamos as distribuições estacionárias de velocidade, localização e tempo de pausa para um nó que se desloca numa área retangular sob o modelo de mobilidade de pontos de passagem aleatórios. Para manter o modelo simples, assumimos que a região da rede é o quadrado unitário. Isto permite flexibilidade no ajuste da escala para aplicar os nossos resultados a qualquer rede retangular. Para comparar modelos de mobilidade realistas (SUMO) com modelos de mobilidade irrealistas (Random Way Point), escolhemos o tamanho da área de simulação como o tamanho do mapa do SUMO. Além disso, o número de veículos é gerado da mesma forma.

4.2.3 Parâmetros dos protocolos de encaminhamento Ad-hoc

Nas nossas experiências, utilizamos os protocolos IEEE 802.11a e 802.11p, que se baseiam no simulador de rede ns-2. Na tabela seguinte, apresentamos um resumo dos parâmetros de configuração do simulador de rede ns-2.

Tabela 1 - Parâmetros de simulação considerados

Parameter	**Values**
Simulator	NS-2
Mobility Model	SUMO/Random Way point
Area of Map	500m*500M
No. of Vehicle	200

Vehicle Speed	0-15m/s
PHY/MAC	IEEE 802.11a/p
Routing Protocol	DSDV/AODV
Network Traffic	CBR(512Bytes,Rate:2)
Simulation time	100-300 sec

Protocolo de encaminhamento que pode ser utilizado em redes Ad-hoc para encaminhar pacotes entre nós móveis e veículos.

- Rácio de entrega de pacotes: O rácio entre o número de pacotes que chegam ao sink TCP do destino final e o número de pacotes iniciados pelas fontes da camada de aplicação. É uma medida da eficiência do protocolo
- Taxa de transferência: É definido como o número total de pacotes que chegam ao destino. É uma medida da eficácia de um protocolo de encaminhamento.
- Número de saltos: O número de saltos significa quantos nós existirão para alcançar o pacote no destino.

> **Experiências com o modelo de mobilidade veicular**

A geração gradual do modelo de mobilidade é apresentada de seguida:

1. Implementar o programa java OpenStreetMap para obter os dados do mapa. Procurar a localização e escolher a estrada adequada para a simulação. Depois de escolher a estrada, a utilização do mapa já está feita, por isso selecione os dados XML do OpenStreetMap e exporte o ficheiro OSM.

2. O ficheiro OSM será importado para o NETCONVERT, que é um módulo adicional do SUMO que fornece a ferramenta para converter dados cartográficos

do ficheiro OSM para um formato que pode ser utilizado no simulador de tráfego rodoviário SUMO. O resultado exportado da rede rodoviária é fornecido ao SUMO em formato XML.

3. O ficheiro XML da rede e da rota é gerado pelo SUMO, sendo estes ficheiros XML fornecidos ao TRACEEXPORTER. Trata-se de uma ferramenta que ajuda a integrar o SUMO e o ns-2 para gerar cenários realistas. Basicamente, converte os ficheiros XML de mobilidade do SUMO em ficheiros de extensão .tcl para utilização no simulador ns-2. Os traços de mobilidade são gerados para o ns-2 a partir dos ficheiros XML de rede e de percurso. As rotas de veículos aleatórias e baseadas no fluxo são geradas utilizando a ferramenta de encaminhamento duplo do SUMO.

4.3 Pseudo-código

Fase :1

Procedimento_learning_phase_at_RSU ()

para diferentes ranhuras

para um tempo_duração específico dentro dessas faixas horárias // auto-aprendizagem para o padrão de tráfego

contagem = contagem ++

fim para

definir a taxa de programação da difusão para essa faixa horária // faixa horária refere-se a faixas horárias, ou seja, tráfego

end for // padrão entre 10:00 - 1:00 for e.g

Fim do procedimento

Fase :2

Procedimento_Dynamic_scheduling_at_RSU()

para um tempo_duração específico

receber_msg_dos nós

definir o ritmo de programação da difusão // como prioridade par

calcular o prazo das mensagens recebidas de acordo com o seu campo de prioridade

ordenar as mensagens de acordo com o prazo e a prioridade *//verificar* ***o prazo para múltiplos EM***

Mensagens de difusão dinâmica de acordo com o padrão de tráfego

Fim do procedimento

4.4 Passos para a implementação do protocolo DSP

Etapa l. Declaração do tipo de pacote

Lembra-te que tivemos de usar uma constante para indicar o nosso novo tipo de pacote, *PT DSP.* Vamos defini-la no ficheiro *common/packet.h.* Vamos encontrar a enumeração *packet t*, onde estão listados todos os tipos de pacotes. Vamos adicionar *o PT DSP* a esta lista como mostramos no próximo trecho de código (linha 6).

common/packet.h

```
1: enumpacket_t {
2: PT_TCP,
3: PT_UDP,
4: PT_CBR,
5: /* ... much more packet types ... */
6: PT_DSP,
7: PT_NTYPE // This MUST be the LAST one
8: };
```

Logo abaixo, no mesmo ficheiro, existe a definição da classe p info. No construtor, forneceremos um nome textual para o nosso tipo de pacote (linha 6).

comum/packet.h

```
p_info() {
name_[PT_TCP]= "tcp";
name_[PT_UDP]= "udp";
name_[PT_CBR]= "cbr";
/* ... much more names ... */
name_[PT_DSP]= "DSP";
}
```

Passo-2 Definição do valor predefinido do agente X em ns-default.tcl

Agente/X definir tamanho_do_pacote 51

Biblioteca **Step-3Tcl**

Agora precisamos de fazer algumas alterações nos ficheiros Tcl. Na verdade, vamos adicionar nosso tipo de pacote, dar valores padrão para atributos vinculados e fornecer a infraestrutura necessária para criar nós sem fio executando nosso protocolo de roteamento *DSP*. No *ficheiro tcl/lib/ns-packet.tcly* deve localizar o código seguinte e adicionar *DSP* à lista (como fazemos na linha 2).

tcl/lib/ns-packet.tcl

```
1: foreachprot {
2: DSP
3: AODV
4: ARP
5: # ...
6: NV
7: } {
8: add-packet-header $prot
9: }
```

Os valores por defeito para os atributos ligados têm de ser dados dentro de *tcl/lib/ns-default.tcl*.

Temos de ir até ao fim do ficheiro e escrever algo como o seguinte código: tcl/lib/ns-default.tcl

```
# ...
# Defaults defined for DSP
Agent/DSP set accessible_var_ true
```

Finalmente, temos de modificar o *ficheiro tcl/lib/ns-lib.tcl.* Precisamos de adicionar procedimentos para criar um nó. O nosso interesse centrar-se-á na criação de um nó sem fios com *DSP* como protocolo de encaminhamento.

O procedimento *node* chama o procedimento *create-wireless-node.* Este último, entre outras tarefas, tem como objetivo definir o agente de encaminhamento para um nó. Precisamos de hackear este procedimento para criar uma instância do nosso protocolo *DSP.*

tcl/lib/ns-lib.tcl

```
Simulator instproc create-wireless-node args {
# ...
switch -exact $routingAgent_ {
DSP {
set ragent [$self create-DSP-agent $node]
}
# ...
}
# ...
}
```

Em seguida, o código *do create-DSP-agent* será o seguinte, como se mostra no exemplo seguinte. tcl/lib/ns-lib.tcl

```
1: Simulator instproc create-DSP-agent { node } {
2: # Create DSP routing agent
3: set ragent [new Agent/DSP [$node node-addr]]
4: $self at 0.0 "$ragent start"
5: $node set ragent_ $ragent
6: return $ragent
7: }
```

A linha 3 cria um novo agente *DSP* com o endereço do nó. Este agente é programado para iniciar no começo da simulação (linha 4), e é atribuído como agente de roteamento do nó na linha 5.

Passo-4Makefile

Agora tudo está implementado e só precisamos de o compilar! Para o fazer, vamos editar *o ficheiro Makefile* adicionando os nossos ficheiros de objectos dentro da variável *OBJ CC*, como no seguinte código (linha 4).

Ficheiro de fabrico

```
1: OBJ_CC = \
2: tools/random.o tools/rng.o tools/ranvar.o common/misc.o common/timer-handler.o \
3: # ...
4: DSP/DSP.o DSP/DSP_rtable.o \
5: # ...
6: $(OBJ_STL)
```

Como modificámos *common/packet.hmas* não *common/packet.cc* devemos "tocar" neste último ficheiro para ser recompilado. Depois disso, podemos executar *o make* e desfrutar do nosso próprio protocolo de encaminhamento (ou talvez resolver todos os problemas de compilação!).

```
[ns-2.34]$ touch common/packet.cc
[ns-2.34]$ make
```

CAPÍTULO 5

RESULTADO

5.1 Ambiente de simulação

Simulámos o protocolo proposto no simulador NS2 e a rede contém 50 nós sem fios que se deslocam de acordo com modelos de mobilidade gerados pelo simulador MOVE. A velocidade mínima de um nó é de 10 m/s. O alcance de comunicação de um nó é de 100 m e a largura de banda do canal é de 1 Mbps. A velocidade do nó é alterada variando a área de campo da rede de acordo com o padrão de tráfego. Existe uma fonte na rede e o nó fixo é o destino. Para a programação dinâmica, a velocidade do nó é escolhida aleatoriamente e a operação de incremento é efectuada na fase de aprendizagem.

5.1.1 Carregador de mapas e gerador de mobilidade para simulação

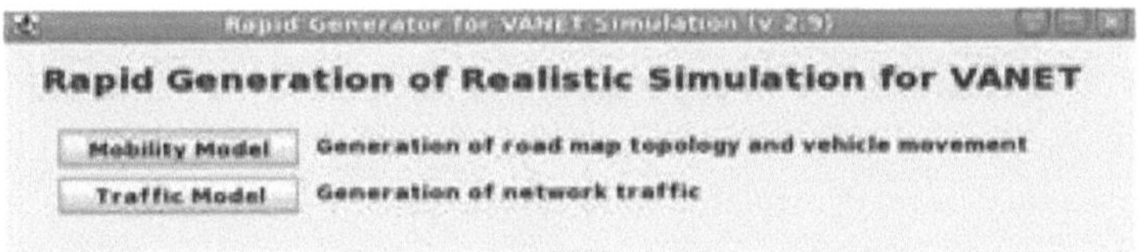

Figura 5.1 : Passo 1 - Iniciar a simulação de movimento e criar um gerador de modelos de mobilidade para a vanet que contenha diferentes ficheiros de nós e arestas.

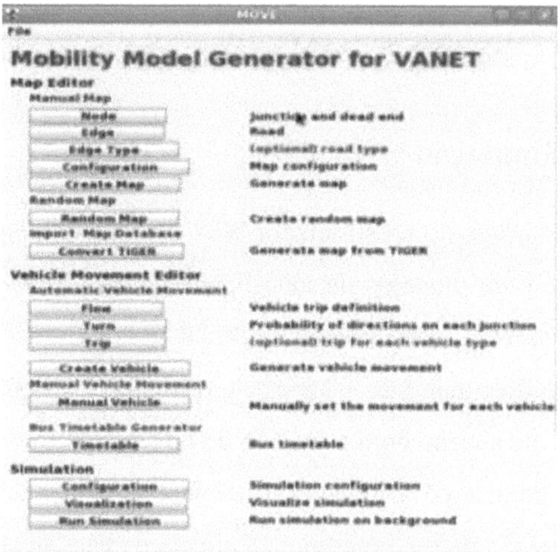

Figura 5.2 : Passo 2 - Escolher uma opção diferente para criar um ficheiro de nós e arestas a partir do gerador de mobilidade

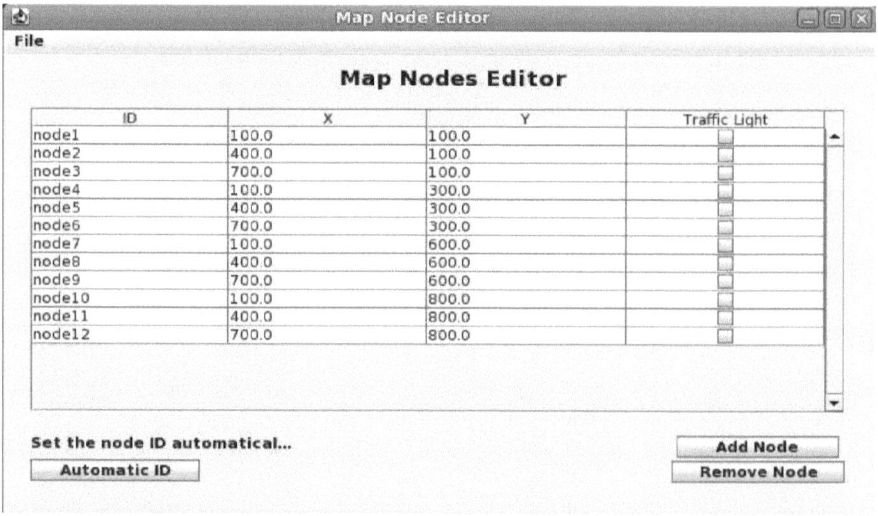

Figura 5.3 : Passo 3 - Criar o ficheiro do nó de acordo com os nossos requisitos.

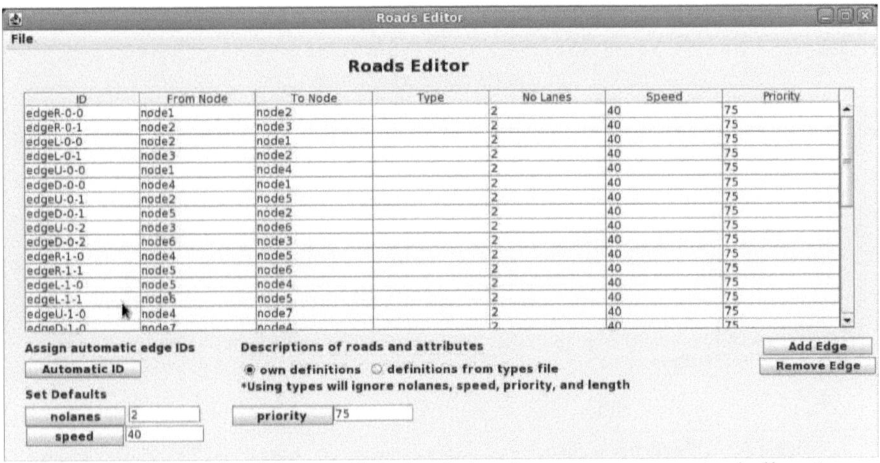

Figura 5.4: Etapa 4 - Criar um ficheiro de borda e gerar um pacote de ligação e transmissão de acordo com o nó.

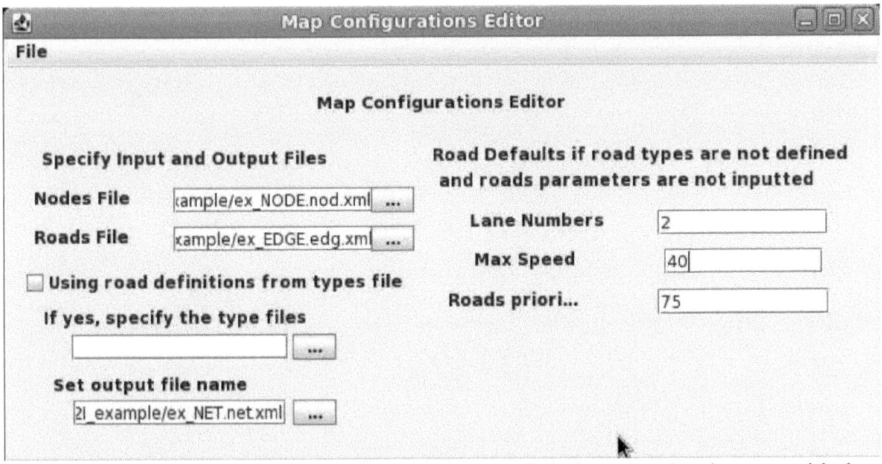

Figura 5.5: Passo 5 - Agora configure acima os ficheiros de nó e de extremidade

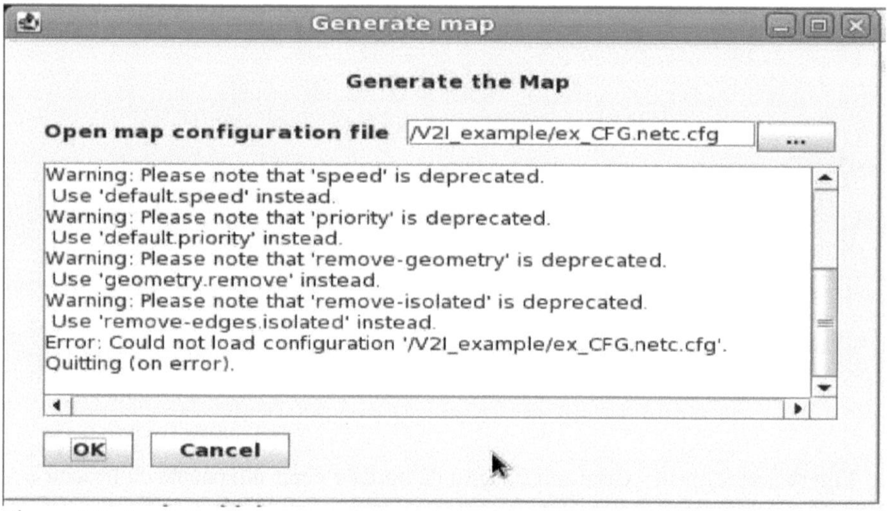

Figura 5.6: Passo 6 - Para uma versão mais antiga e diferentes SUMO & MOVE, foi gerado um erro.

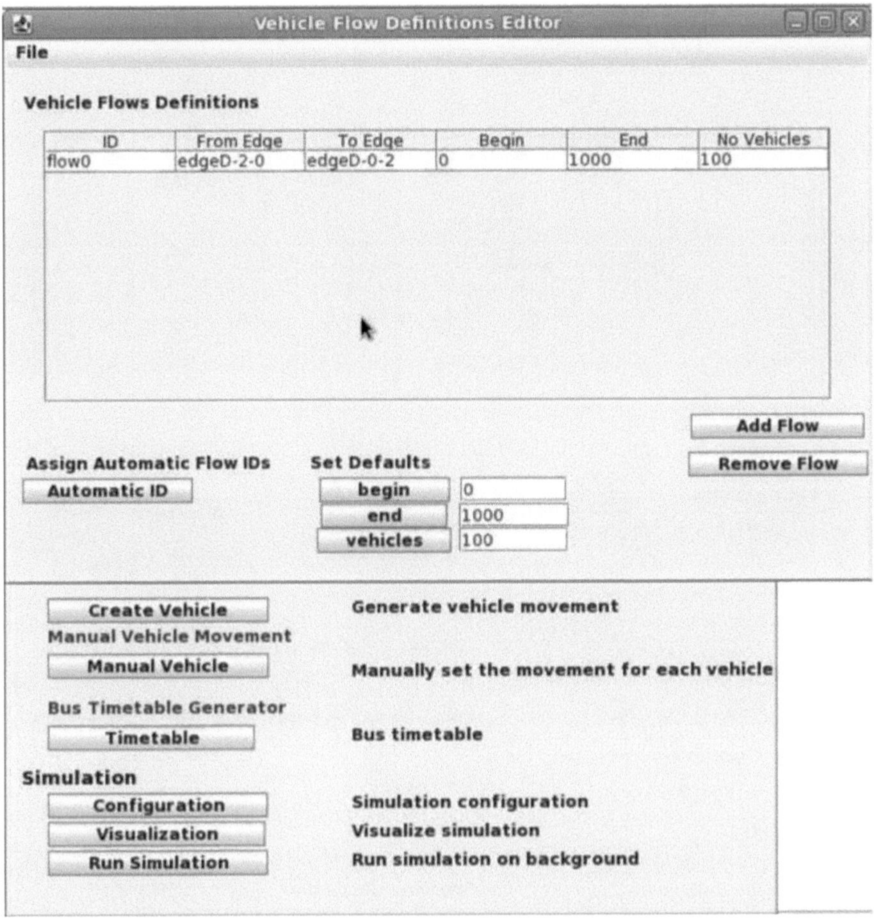

Figura 5.7: Passo 7 - Após o processo de mapeamento, podemos gerar o fluxo da vanet. E também gerar o ficheiro de rotação.

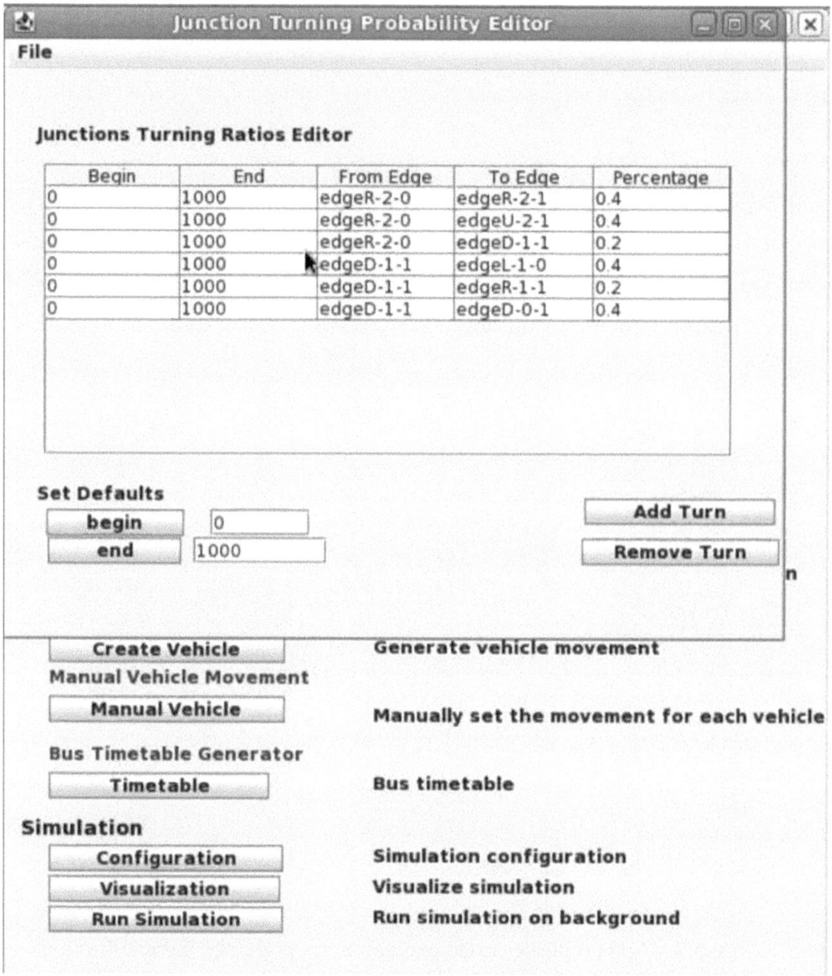

Figura 5.8 : Passo 8 - Adicionar diferentes probabilidades de viragem do cruzamento de acordo com o nosso cenário

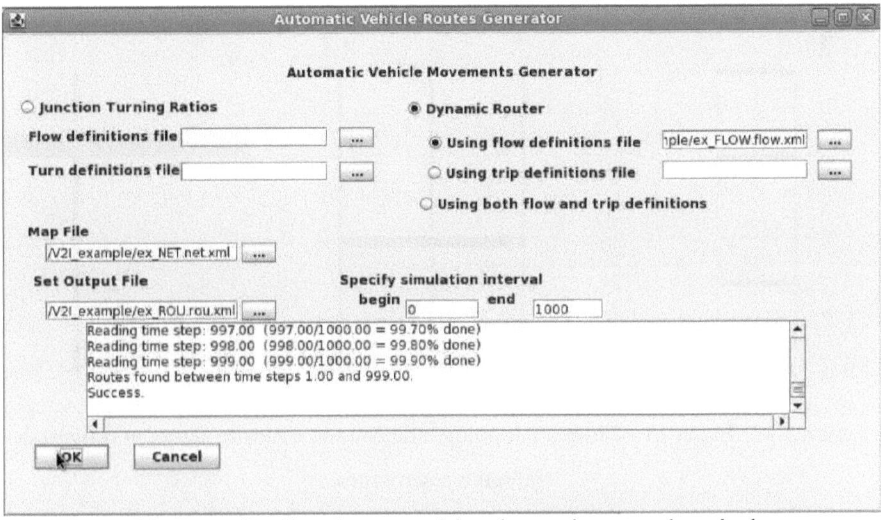

Figura 5.9: Etapa 9 - Gerador automático de movimentos de veículos para encaminhadores dinâmicos.

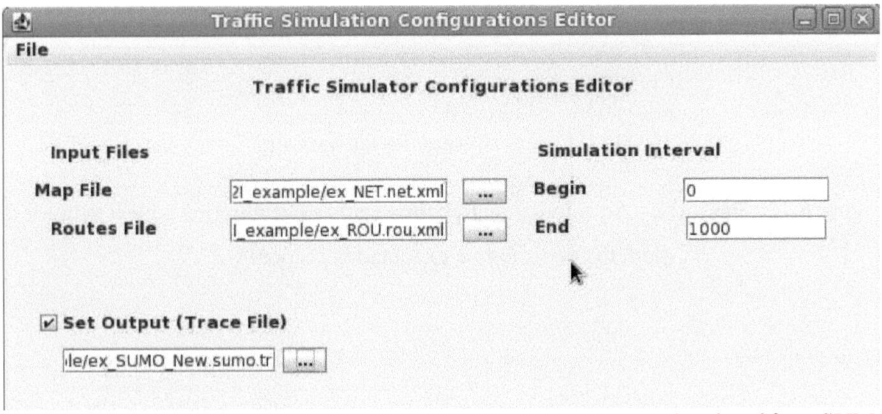

Figura 5.10: Passo 10 - Agora, mapear estes ficheiros para o gerador de tráfego SUMO.

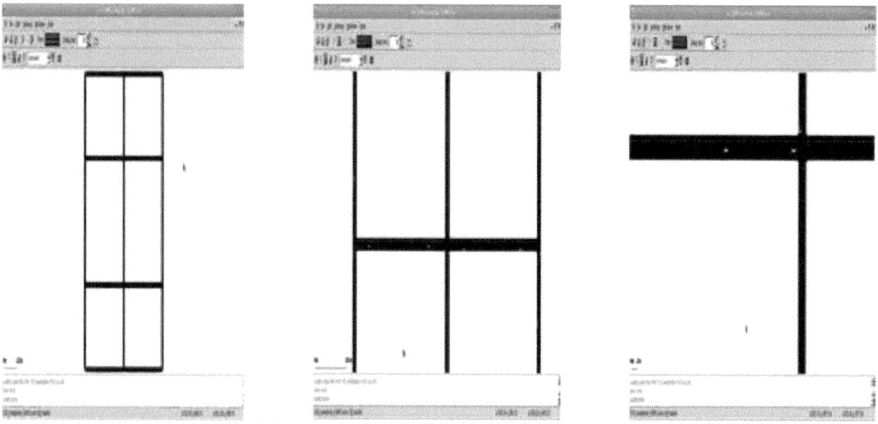

Figura 5.11: Etapa 11 - Mostra a topologia da estrada e mostra também o fluxo de tráfego e o semáforo.

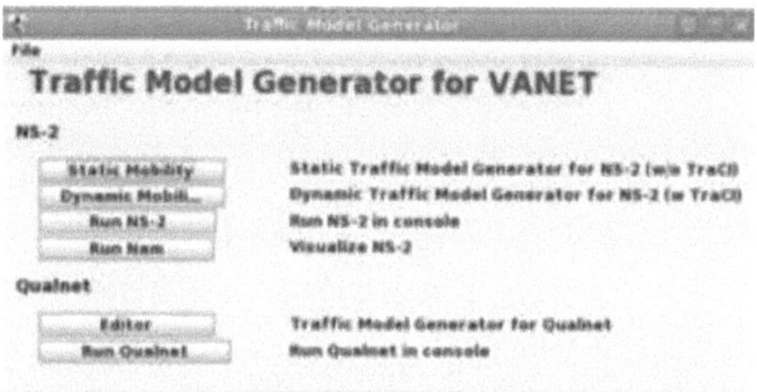

Figura 5.12 : Passo 12 - Aqui todos os ficheiros serão configurados com o gerador de modelos de tráfego e executados comoNS-2.

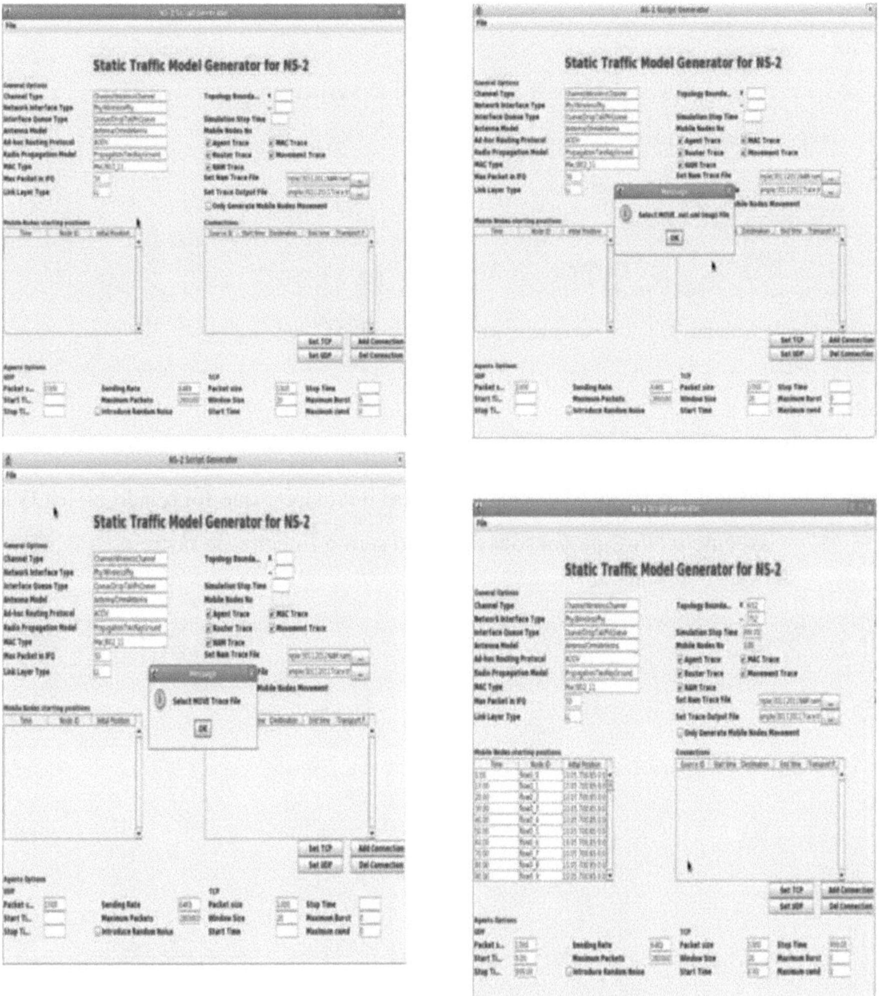

Figura 5.13: Passo 13 - Para isso, selecionar diferentes campos como o tipo de canal, o tipo de MAC e o tipo de camada de ligação, etc...

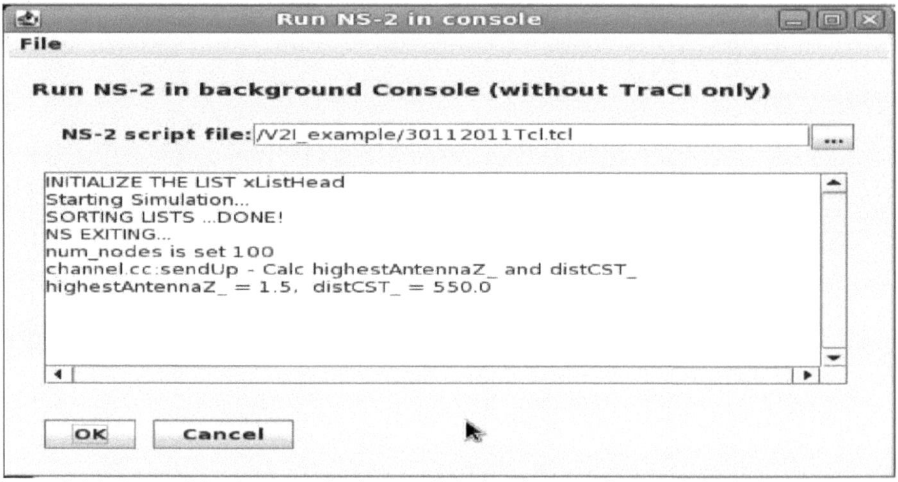

Figura 5.14: Passo 14 - Agora selecione o ficheiro de rastreio que foi criado no MOVE e execute o NS-2 na consola de fundo sem o ficheiro de rastreio.

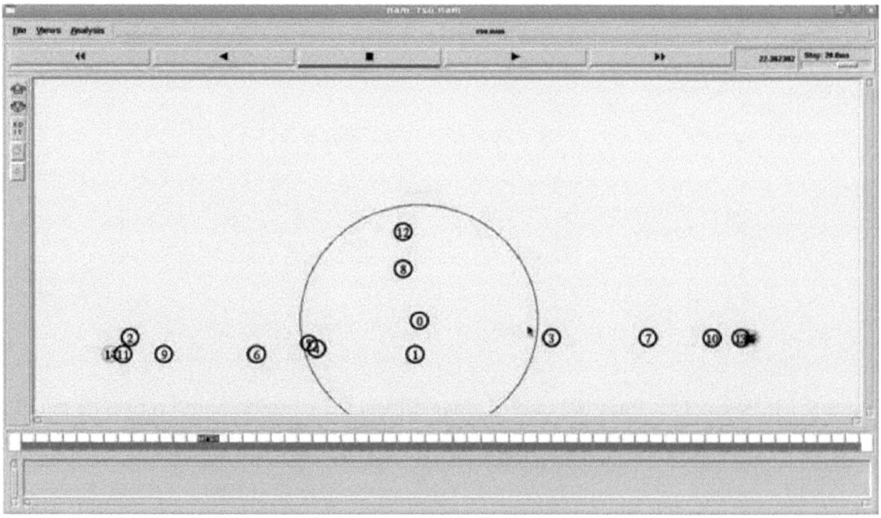

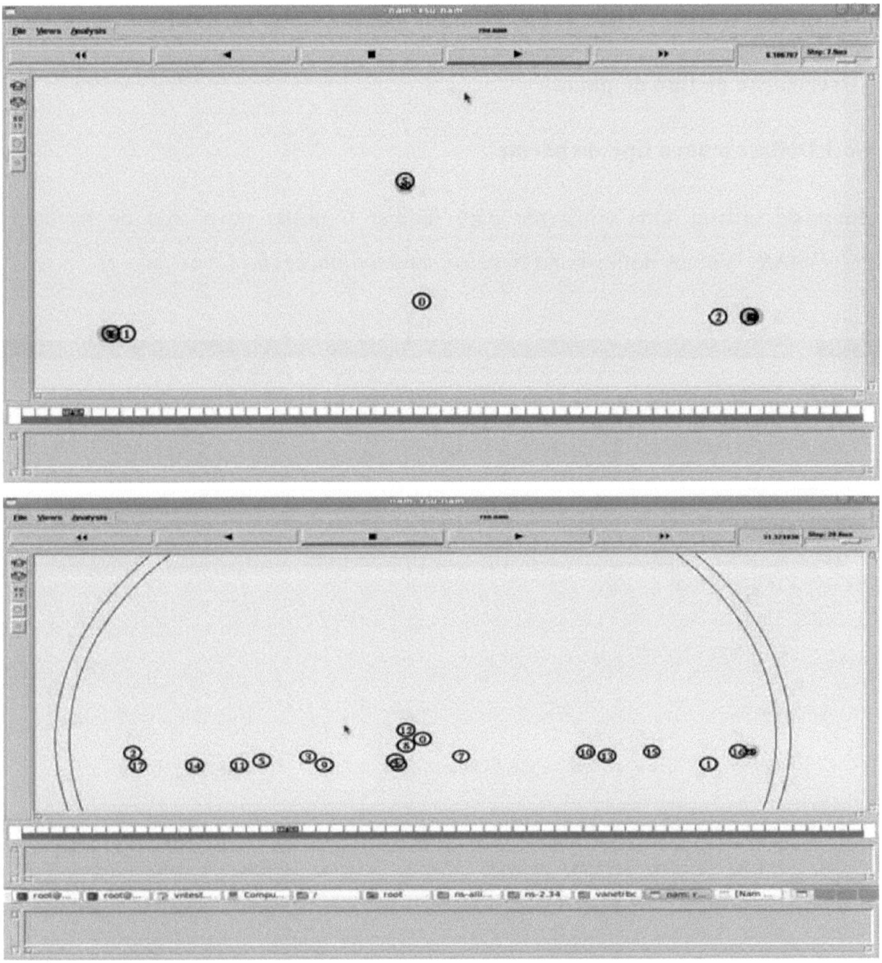

Figura 5.15: Passo 15 - Processo final Comunicação entre todos os nós de acordo com o nosso ficheiro de configuração de nós e de extremidades

5.2 Implementação Alterações básicas necessárias no DSP

1) Declaração de tipo de pacote

Passo 1 Definir o novo tipo de pacote

Tivemos de utilizar uma constante para indicar o nosso novo tipo de pacote, *PT PROTONAME.* Vamos defini-la no ficheiro *common/packet.h.*

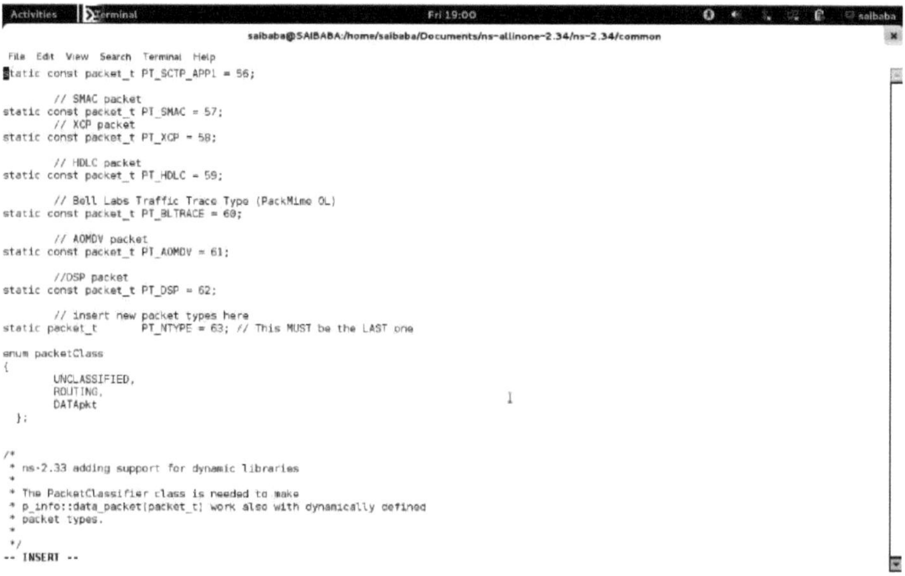

Passo 2: indicar o nome do pacote

Dentro do construtor, forneceremos um nome textual para o nosso tipo de pacote

```
        // HDLC
        name_[PT_HDLC]="HDLC";

        // XCP
        name_[PT_XCP]="xcp";

        // Bell Labs (PackMime OL)
        name_[PT_BLTRACE]="BellLabsTrace";

        // AOMDV patch
        name_[PT_AOMDV]= "AOMDV";

        // DSP patch
        name_[PT_DSA]= "DSP";

        name_[PT_NTYPE]= "undefined";
    }
    static int addPacket(char *name);
    static packet_t getType(const char *name)
    {
        for(unsigned int i = 0; i < nPkt_; i++)
        {
            if(strcmp(name, name_[i]) == 0)
                return i;
        }
        return PT_NTYPE;

    }
private:
    static char** name_;
    static unsigned int nPkt_;
    static PacketClassifier *pc_;
};
extern p_info packet_info; /* map PT_* to string name */
//extern char* p_info::name_[];

#define DATA_PACKET(type) ( (type) == PT_TCP || \
-- INSERT --
```

Figura 5.16: Declaração do tipo de pacote

2) Biblioteca Tcl

Figura 5.17: Biblioteca Tcl

3) Criar formato de mensagem

Figura 5.18: Formato da mensagem de criação

4) Criar ficheiro

./configure ,O comando Make clean && make && make install é utilizado para criar este novo diretório.

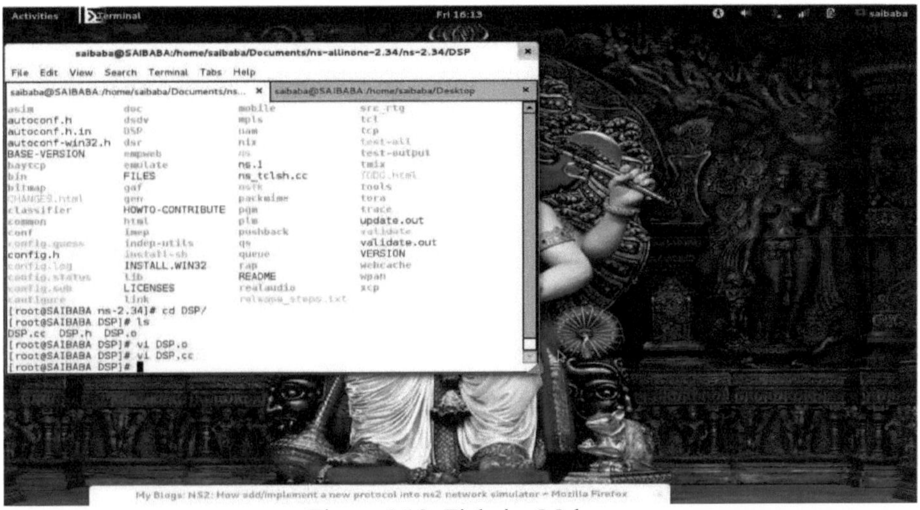

Figura 5.19: Ficheiro Make

5.3 Resultados da simulação

O parâmetro de desempenho de interesse é a velocidade e aumenta o rácio de serviço utilizando a programação dinâmica. Note-se que este parâmetro capta dois parâmetros, nomeadamente a velocidade dos nós e as mensagens duplicadas. O parâmetro de rede de interesse é o rácio de serviço.

5.3.1 Difusão estática

Nesta secção, é apresentado o desempenho do protocolo quando este funciona como uma fase estática ou de aprendizagem

Assim, nesta transmissão estática, a RSU transmite todas as mensagens continuamente, pelo que a duplicação de mensagens será elevada. Na fig.5.3, o número de pacotes de dados por fonte é de 50. Executamos a simulação durante um período de tempo suficiente de 100 a 300 segundos, de modo a que o nó de registo envie a informação de velocidade para a RSU. Quando a velocidade do nó móvel é baixa, a taxa de receção de mensagens duplicadas é elevada e, por isso, o rácio do serviço diminui.

Tabela 2 - Parâmetros de simulação

Parameter	**Values**
Simulator	NS-2
Mobility Model	SUMO/Random Way point
Area of Map	500m*500M
No. of Vehicle	200
Vehicle Speed	20,60,80 kmph
PHY/MAC	IEEE 802.11a/p
Routing Protocol	Dump agent
Network Traffic	CBR(512Bytes,Rate:2)
Simulation time	100-300 sec

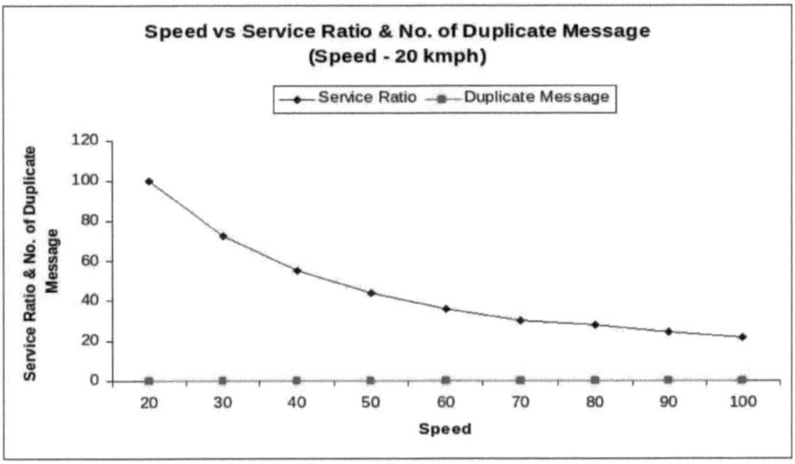

Fig.5.20-Velocidade vs Rácio de serviço à velocidade-20kmph

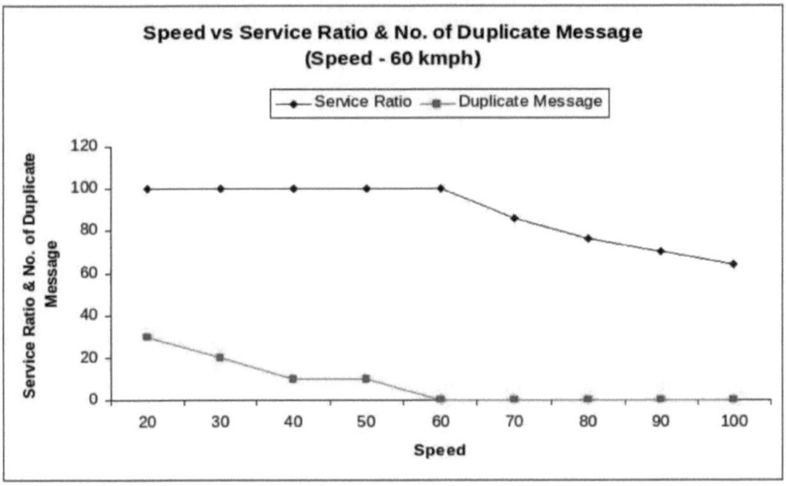

Fig.5.21-Velocidade vs Rácio de serviço à velocidade de 60 km/h

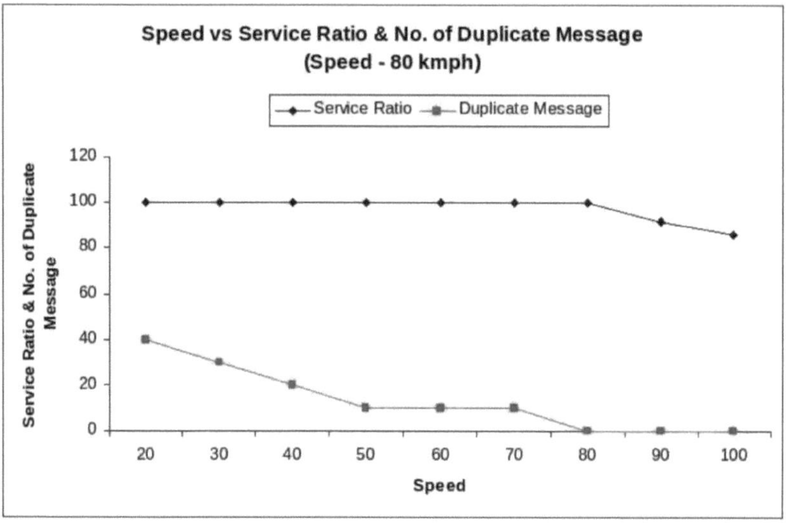

Fig.5.22-Velocidade vs Rácio de serviço à velocidade de 80 km/h

Observamos na figura 5.4 que, na difusão estática, se a velocidade do nó for baixa, a 20 km/h, o número de mensagens duplicadas será elevado e o rácio de serviço será baixo. Como se pode ver na figura 5.5, se aumentarmos a velocidade do nó, a mensagem duplicada será reduzida.

5.3.2 Difusão dinâmica

Nesta secção são apresentados os resultados da simulação da programação dinâmica do intervalo de difusão durante um determinado período de tempo, pelo que, a partir da fig. 5.6, verificamos que, se definirmos a programação dinâmica de acordo com a fase de aprendizagem, o rácio de serviço aumentará e o número de mensagens duplicadas diminuirá utilizando a abordagem proposta.

Também se verifica que a taxa de mensagens duplicadas será elevada no intervalo de difusão com velocidade mínima, mas será um pouco menor na velocidade máxima, mas ambas têm uma taxa elevada de mensagens duplicadas e um rácio de serviço baixo neste cenário. Utilizando uma abordagem proposta ou um protocolo de programação dinâmica, o rácio de serviço aumentará em comparação com a difusão estática existente.

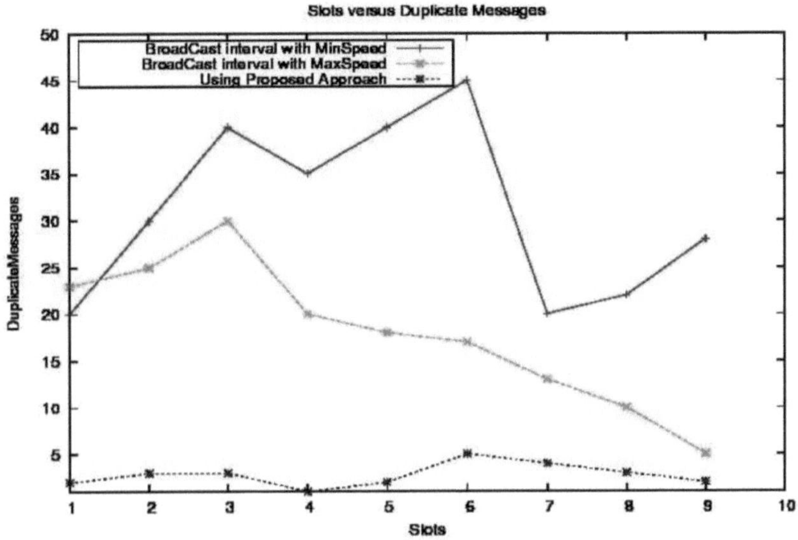

Fig.5.23 Ranhuras versus mensagens duplicadas

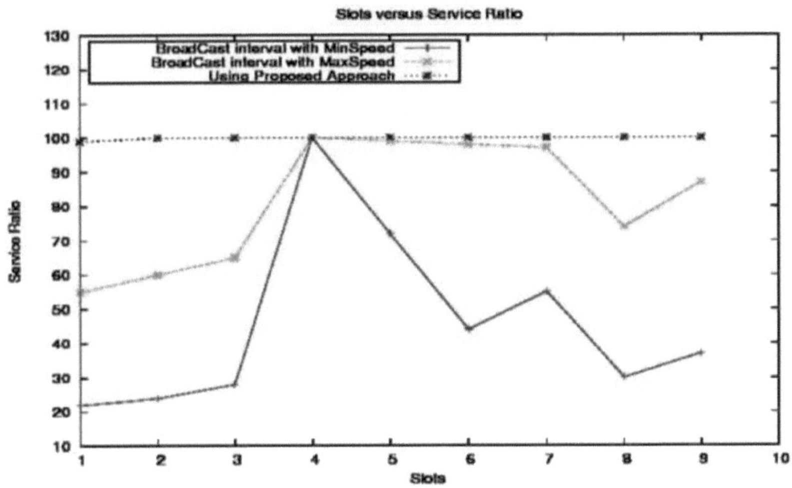

Fig.5.24 Slots vs Rácio de serviço

CAPÍTULO6

CONCLUSÃO E TRABALHO FUTURO

6.1 Conclusões e melhorias futuras

Dado que as redes ad-hoc veiculares constituem uma vasta área de investigação, um dos principais tópicos de investigação é o planeamento dinâmico. Assim, a investigação que se segue centrar-se-á no algoritmo, tendo em conta principalmente dois parâmetros. Em primeiro lugar, o padrão de tráfego em diferentes momentos da rede e, em segundo lugar, o protocolo de programação dinâmica que propusemos. Tendo em conta estes parâmetros, espera-se que o algoritmo proposto melhore o resultado em comparação com o esquema de mecanismo de programação existente entre veículos e infra-estruturas. A difusão constante de mensagens pela RSU aumenta a sobrecarga da rede e a duplicação de mensagens. Para reduzir esta sobrecarga sem afetar o desempenho, utilizamos o protocolo de programação dinâmica. A principal contribuição do trabalho é a seguinte:

- Implementação de um protocolo básico de programação dinâmica com um agente de despejo.
- Gerar vários padrões de mobilidade para o veículo utilizando o SUMO e o utilitário MOVE.
- Projeto de protocolo para programação dinâmica no lado da RSU com esquema de padrão de tráfego.

O resumo das principais conclusões do trabalho é o seguinte

- Os resultados da simulação provam que o protocolo reduz as mensagens duplicadas na rede em 30% a 40%, dependendo da velocidade e da faixa horária de programação dinâmica.

- Para a velocidade mínima, o protocolo supera o esquema convencional e o rácio de serviço aumenta 40%. Foi observada uma melhoria do protocolo em relação ao esquema convencional utilizando a programação dinâmica para diferentes velocidades.
- Em comparação com o esquema estático e o esquema dinâmico, o rácio de serviço é elevado no nosso protocolo.

Neste trabalho, a abordagem de programação dinâmica reduzirá as mensagens duplicadas na rede, mas se acrescentarmos um novo conceito baseado na prioridade, no qual as mensagens de emergência serão programadas dinamicamente a partir da sua prioridade com este esquema de padrão de tráfego, isso também diminuirá as mensagens excedentes e aumentará o rácio de serviço.

No trabalho futuro, suponhamos que, por alguma razão, a estrada precisa de serviço e, durante o serviço, a estrada está bloqueada durante alguns dias, onde eu tracei o meu modelo proposto baseado em RSU.

REFERÊNCIAS

[1] Jason LeBrun, Chen-Nee Chuah, DipakGhosal, Michael Zhang, "Knowledge based Opportunistic Forwarding in Vehicular Wireless Ad Hoc Networks", IEEE, 2005.

[2] M. Li e W. Lou, "Opportunistic Broadcast of Emergency Messages in Vehicular Ad Hoc Networks with Unreliable Links *", 2008.

[3] F. Zou, J. Zhong e J. Lee, "Energy-Efficient Roadside Unit Scheduling for Maintaining Connectivity in Vehicle Ad-hoc Network. "2012

[4] SheraliZeadally, Ray Hunt, Yuh-Shyan Chen, Angela Irwin, A. Hassan, "vehicular ad hoc network(VANET) : status, result, and challange "Springer,2010.

[5] M. Shahverdy, M. Fathy, e S. Yousefi, "Algoritmo de programação para dados do veículo para a estrada", pp. 22-30, 2010.

[6] S. K. Samantha, N. Nur, A. Shoma, e K. M. A. Hasan, "An Approach for

[7] Aliviando o problema de inanição em unidades de beira de estrada (RSUs) baseadas em veículos

[8] Ad Hoc Networks (VANETs)," vol. 2, no. 2, pp. 158-167, 2012.

[9] O. Tonguz, N. Wisitpongphan, F. Bai, P. Mudalige e V. Sadekar,

[10] "Broadcasting in VANET," pp. 1-6, 2008.

[11] S. Ni, Y. Tseng, Y. Chen e J. Sheu, "The broadcast storm problem in a mobile ad hoc network", em Proc. ACM Intern. Conf. on Mobile Comput.and Networking (MOBICOM), Seattle, EUA, 1999.

[12] Q. Xu, T. Mak, J. Ko e R. Sengupta. "Mensagens Veículo-a-Veículo em

[13] DSRC", Proceedings of the 1st ACM Workshop on Vehicular Ad Hoc Networks(VANET),2004.

[14] Schoch, F. Kargl, e M. Weber, "Communication Patterns in VANETs," no. novembro, pp. 119-125, 2010.

[15] G. Korkmax, E. Ekici, F. Ozguner, U. Ozguner, "Urban Multi-hop Broadcast

[16] Protocol for Inter-vehicle Communication Systems", em Proceeding of the 1st ACM Workshop on Vehicular Ad-hoc Networks (VANET 2004), 2004.

[17] Xue Yang, Jie Liu, Feng Zhao, Nitin H.Vaidya, "A Vehicle-to-Vehicle Communication Protocol for Cooperative Collision Warning," mobiquitous, pp.114-123, First Annual International Conference on Mobile and Ubiquitous Systems: Networking and Services (MobiQuitous'04), 2004.

[18] M. Torrent-Moreno, D. Jiang, e H. Hartenstein, "Broadcast Reception Rates and Effects of Priority Access in 802.11-Based Vehicular Ad-Hoc Networks," First ACMWorkshop on Vehicular Ad Hoc Networks (VANET), Philadelphia, PA, Oct.

2004.

[19] Aneel Rahim, MehboobYasin, Imran Ahmad, ZeeshanShafi Khan, Muhammad Sher, "Relevance Based Approach with Virtual Queue Using 802.11e protocol for Vehicular Adhoc Networks", IEEE-IC4, 2009.

[20] M. M. I. Taha, "Broadcasting Protocols in Vehicular Ad-Hoc Networks (VANETs) By Broadcasting Protocols in Vehicular Ad-Hoc Networks (VANETs)," 2008.

[21] Y. Gui e E. Chan, "Data Scheduling for Multi-item Requests in Vehicle Roadside Data Access with Motion Prediction Based Workload Transfer," 2012.

[22] S. Sahebgharani e M. Shahverdy, "Um algoritmo de programação para descarregar dados de RSU utilizando a técnica de multicast", pp. 1-6, 2012.

[23] T. Jiang, Y. Alfadhl, e K. Chai, "Efficient Dynamic Scheduling Scheme between Vehicles and Roadside Units based on IEEE 802 . 11p / WAVE Communication Standard", pp. 120-125, 2011.

[24] Y Singh, Er A Sharma, "Study of Brodcasting and its Performance Parameter in VANET", International Journal of soft Computing and Engineering, maio de 2012.

[25] Y. Singh e E. A. Sharma, "Study of Broadcasting and Its Performance Parameter in VANET," n.º 2, pp. 491-493, 2012.

[26] B. Ramakrishnan e R. S. Shaji, "AN EFFICIENT V EHICULAR COMMUNICATION," vol. 2, no. 4, pp. 46-59, 2010.

[27] B. K. Chaurasia e S. Verma, "Infrastructure based Authentication in VANETs," vol. 6, n.º 2, pp. 41-54, 2011.

[28] U. De Aveiro e U. De Aveiro, "An RSU coordination scheme for WAVE safety services support", pp. 0-3, 2009.

[29] Brad Williams e Tracy Camp,"Comparison of Broadcasting Techniques for Mobile Ad Hoc Networks", ACM MOBIHOC, 2002.

[30] Hao Zhang, Zhong-Ping Jiang, "Performance Analysis of Broadcasting Schemes in Mobile Ad Hoc Networks", IEEE 2004.

[31] DemetresKouvatsos, Is-HakaMkwawa," Broadcasting Methods in Mobile Ad Hoc Networks: An Overview", 2005.

[32] Sheela T e Raja J, Maximização do rendimento através de um esquema eficaz de gestão de filas de espera para redes de alta velocidade. Indian J. Sci. Technol. 2 (3), 2831. Sítio de domínio: http://www.indjst.org.

[33] Luca Campelli, MatteoCesana, Roberta Fracchia, "Diretional Broadcast Forwarding of Alarm Messages in VANETs",IEEE, 2007

[34] Jason LeBrun, Chen-Nee Chuah, DipakGhosal, Michael Zhang, "Knowledge

Based Opportunistic Forwarding in Vehicular Wireless Ad Hoc Networks", IEEE, 2005.

[35] Yu Chen e Jennifer L. Welch, "Location based Broadcasting for Dense Mobile Ad Hoc Networks", ACM, MSWiM'05, 10-13 de outubro de 2005

[36] Stefan Pleisch, Mahesh Balakrishnan, Ken Birman, "MISTRAL: Efficient Flooding in Mobile Adhoc Networks", ACM, MobiHoc'06, Itália, 22-25 de maio de 2006

[37] Mun J. Lok, Bilal R. Qazi e Jaafar M. H. Elmirghani, "Characterisation of DataDissemination in Vehicular Ad Hoc Networks in a City Environment", ACM, IWCMC'09, Alemanha, 21-24 de junho de 2009. Referências Aneel Rahim 38-109 FBAS/PHDCS/S08

[38] J. Barrachina, P. Garrido, M. Fogue e Farncisco J. Martinez, "Road side unit deployment: Density based approach" (Abordagem baseada na densidade), IEEE, 2013.

[39] NS-2 http://www.isi.edu/nsnam/ns/

[40] NCTUnshttp://nsl.csie.nctu.edu.tw/nctuns.html

APÊNDICE-I

LISTA DE ACRÓNIMOS

ACK	Acknowledgement
AODV	Ad-hoc on-demand Distance-Vector routing
CSMA/CA	Carrier Sense Multiple Access with Collision Avoidance
CTB	Clear to Broadcast
CTS	Clear to Send
DSDV	Destination-Sequenced Distance-Vector routing protocol
DSR	Dynamic Source Routing
DSRC	Dedicated Short Range Communication
FTP	File Transfer Protocol
GPS	Global Positioning System
IEEE	Institute of Electrical and Electronics Engineers
IETF	Internet Engineering Task Force
iMANET	Internet based Mobile Ad-hoc Network
InVANET	Intelligent VANET
IP	Internet Protocol
LAN	Local Area Network

MAC	Medium Access Control
MANET	Mobile Ad-hoc Networks
OBD	On-board diagnostics
OLSR	Optimized Link State Routing
PDA	Personal Digital Assistant
RTB	Request to Broadcast
RSU	Road Side Unit
RTS	Request to Send
TCP	Transmission Control Protocol
TDMA	Time Division Multiple Access
UDP	User Datagram Protocol
V2V	Vehicle to Vehicle
VANET	Vehicular ad-hoc network
WLAN	Wireless Local Area Network

MIX
Papier aus verantwortungsvollen Quellen
Paper from responsible sources
FSC® C105338

Printed by Books on Demand GmbH, Norderstedt / Germany